Gestão de Projetos
Como estruturar logicamente as ações futuras

OUTROS TÍTULOS DA SÉRIE

Criatividade e Inovação – Como adaptar-se às mudanças
Lygia Carvalho Rocha

Consumidor – Como elaborar o seu perfil
Lygia Carvalho Rocha

Técnicas de Reunião – Como promover encontros produtivos
Leonardo Ribeiro Fuerth

Negociação – Como estabelecer diálogos convincentes
Jorge Dalledonne

Visão Totalizante – Como promover leituras estratégicas do ambiente
Jorge Dalledonne

Inovação Tecnológica – Como garantir a modernidade do negócio
Ronald Carreteiro

Relacionamento Interpessoal – Como preservar o sujeito coletivo
Maria do Carmo Nacif de Carvalho

Processos com Resultados – A busca da melhoria continuada
Antonio Carlos Orofino

Faces da Decisão – Abordagem sistêmica do processo decisório
Maria José Lara de Bretas Pereira e João Gabriel Marques Fonseca

SÉRIE GESTÃO ESTRATÉGICA

Gestão de Projetos
Como estruturar logicamente as ações futuras

GUILHERME PEREIRA LIMA
Engenheiro Civil
Certificado PMP pelo PMI-USA
Professor do MBA de Gerenciamento
de Projetos da FGV e do PROMINP
Consultor de Gerenciamento de
Projetos de Grandes Empresas

O autor e a editora empenharam-se para citar adequadamente e dar o devido crédito a todos os detentores dos direitos autorais de qualquer material utilizado neste livro, dispondo-se a possíveis acertos caso, inadvertidamente, a identificação de algum deles tenha sido omitida.

Não é responsabilidade da editora nem do autor eventuais danos ou perdas a pessoas ou bens que tenham origem no uso desta publicação.

Apesar dos melhores esforços do coordenador, do autor, do editor e dos revisores, é inevitável que surjam erros no texto. Assim, são bem-vindas as comunicações de usuários sobre correções ou sugestões referentes ao conteúdo ou ao nível pedagógico que auxiliem o aprimoramento de edições futuras. Os comentários dos leitores podem ser encaminhados à **LTC — Livros Técnicos e Científicos Editora** pelo e-mail ltc@grupogen.com.br

Direitos exclusivos para a língua portuguesa
Copyright © 2009 by
LTC — Livros Técnicos e Científicos Editora Ltda.
Uma editora integrante do GEN | Grupo Editorial Nacional

Reservados todos os direitos. É proibida a duplicação ou reprodução deste volume, no todo ou em parte, sob quaisquer formas ou por quaisquer meios (eletrônico, mecânico, gravação, fotocópia, distribuição na internet ou outros), sem permissão expressa da editora.

Travessa do Ouvidor, 11
Rio de Janeiro, RJ — CEP 20040-040
Tels.: 21-3543-0770 / 11-5080-0770
Fax: 21-3543-0896
ltc@grupogen.com.br
www.ltceditora.com.br

Editoração Eletrônica: ANTHARES

CIP-BRASIL. CATALOGAÇÃO-NA-FONTE
SINDICATO NACIONAL DOS EDITORES DE LIVROS, RJ.

L698g

Lima, Guilherme Pereira
Gestão de projetos : como estruturar logicamente as ações futuras / Guilherme Pereira Lima. - [Reimpr.]. - Rio de Janeiro : LTC, 2014.
(Gestão estratégica)

Inclui bibliografia
ISBN 978-85-216-1668-9

1. Administração de projetos. 2. Planejamento estratégico. I. Título. II. Série.

| 08-5291. | CDD: 658.404 |
| | CDU: 005.8 |

À minha esposa Tereza, aos meus filhos Luis Guilherme e Beatriz e à minha mãe Ilva, dedico esta obra e agradeço por todo o amor, apoio, carinho e compreensão.

Série Gestão Estratégica

● APRESENTAÇÃO ●

Quando idealizamos o desenvolvimento da **Série Gestão Estratégica**, estávamos movidos por um conjunto de constatações extraídas da realidade brasileira, suficientemente consistentes para evidenciar a existência de lacuna no desenvolvimento de novos gestores.

Já há muitos anos militamos junto ao mundo acadêmico e ao sistema produtivo.

Nossas observações foram objeto de registros nos livros que escrevemos, nos artigos veiculados em mídias diversas, nas palestras, congressos e seminários, assim como nas salas de aulas, quando ministrando cursos.

Ratificamos nossas percepções junto aos muitos profissionais que nos cercam e que durante todo o tempo de existência da revista *DECIDIR*, detentora do Prêmio Belmiro Siqueira, veicularam suas idéias nos muitos artigos publicados.

Um pensamento comum conduziu para a articulação lógica de um conjunto de competências que, além de indispensáveis ao desenvolvimento do gestor, garante-lhe um exercício profissional envolvido na necessária fundamentação.

Em cada um dos dez títulos da série existe uma história de vida, rica o suficiente para a construção de uma orientação permeada pela vivência de quem propõe.

Merecer a confiança da LTC representou para todos os envolvidos um coroamento para os bons momentos de dedicação na elaboração dos textos.

Nossa esperança reside na construção de novos profissionais de gestão, comprometidos em agregar, a cada momento profissional, práticas comprovadamente bem-sucedidas.

Conscientes que muitos são os passos da caminhada de um gestor, guardamos a esperança de que a **Série Gestão Estratégica** ofereça confiança para iniciar a trajetória.

Eraldo Montenegro
Coordenador

• NOTA DO AUTOR •

Esta obra tem como objetivos principais ser prática, ir diretamente ao assunto, e é destinada a quem tem pouco ou nenhum treinamento em gerenciamento de projetos. Ainda assim, pode ser consultada por profissionais de projetos treinados e experientes.

Fazer com que as idéias se materializem é a essência do gerenciamento de projetos. Porém, os projetos podem ser freqüentemente tidos como feras indomáveis, pois a todo instante nos apresentam surpresas que podem nos transformar em eternos "apagadores de incêndio". E o "apagar incêndios" é a antítese do gerenciamento, porque, em vez de conduzirmos o projeto, somos conduzidos por ele. Para fazer frente a esse quadro, devemos fazer uso das boas práticas em gerenciamento de projetos, e estas indicam a necessidade da criação de planos e processos de gerenciamento.

A aplicabilidade dos planos e dos processos (quando) criados para serem ferramentas úteis ao dia-a-dia, pelo simples fato de existirem e serem cobrados, costuma ser questionável. Tais documentos se transformam em um gargalo adicional para a equipe. É muito comum escutarmos: "Não me venha com essa conversa de fazer plano disso ou daquilo, a equipe está muito sobrecarregada para cuidar dessa burocracia toda...". Com muita freqüência, tais ferramentas são preparadas, e dessa forma a equipe do projeto pode até falar: "Nós temos o plano de gerenciamento das comunicações do projeto!", mas no quesito utilização os resultados ainda são muito incipientes porque os planos são postos na gaveta e lá esquecidos. Muito freqüentemente, o pouco que se cria em termos de planejamento é incapaz de tirar os projetos da rota de colisão com o fracasso.

Em essência, nenhuma equipe de projeto normal quer que ele naufrague. Assim, todos dão o melhor de si para que os resultados sejam os melhores possíveis, porém os atrasos, os estouros de orçamento, os problemas quando o produto do projeto "toma vida", as brigas e os conflitos pessoais estão aí para mostrar que apenas cada um dar o melhor de si não é o suficiente para que os objetivos do projeto sejam atingidos.

Ao vivenciar tais fatos, pus-me a pensar nos fatores que geram tais desdobramentos, e ao longo deste livro procurarei abordá-los de maneira aberta e pragmática, propondo abordagens e soluções que vêm se mostrando práticas e eficientes.

Desejo a você, prezado(a) leitor(a), uma leitura agradável e que ao final dela tenha mais recursos para domesticar as feras e para encarar os problemas que os projetos nos apresentam, seja você membro da equipe, o gerente ou o patrocinador do projeto.

PREFÁCIO

A obra de Guilherme Lima apresenta de forma sucinta e clara os conceitos mais básicos de gerenciamento de projetos. Já que o assunto de projetos está sendo muito valorizado nas organizações, há necessidade de divulgar o conceito de gerenciamento de projetos para públicos que se estendem muito além dos técnicos e especialistas tradicionais.

Nas organizações modernas, todo mundo precisa ter noções de projetos, e esta obra atende bem essa necessidade, tanto para pessoas que iniciam seu contato com o mundo de projetos, quanto para profissionais que querem fazer uma reciclagem do seu conhecimento.

De particular importância no livro são o uso apropriado e acessível da terminologia da área (suportado por um bom glossário), e o "Kit de Sobrevivência na Selva", que é um conjunto de recomendações básicas e direcionadas a vários tipos de papel que as pessoas podem exercer nos projetos, priorizando o essencial.

Guilherme é professor do curso de pós-graduação em Gerenciamento de Projetos da Fundação Getulio Vargas e Consultor Sênior da Dinsmore Associates, tendo atuações na Petrobras (megaprojetos na UN-Rio – Unidade de Negócios do Rio de Janeiro, Petrobras Energía S.A. em Buenos Aires (Argentina) e Quito (Equador) e Petrobras Americas International, em Houston/Texas, nos Estados Unidos) e Cia. Vale do Rio Doce. É instrutor do curso de certificação PMP e foi vice-presidente de filiação do Instituto de Gerenciamento de Projetos do Rio de Janeiro (PMI-Rio) nos anos de 2006 e 2007.

Essa vasta experiência faz com que o livro reflita as vivências e conhecimento profundo de mais de 20 anos de experiência profissional.

Os leitores deste livro se beneficiarão tanto dos conceitos claramente apresentados quanto de uma redação agradável, apresentados por um profissional atuante, comunicador e competente. Boa leitura!

Paul Campbell Dinsmore
Diretor-Presidente
Dinsmore Associates

● AGRADECIMENTOS ●

Ao amigo Luciano Carino, por estar lá na hora certa,

Aos amigos Carlos Bartolomeu Barbosa, Vilmar Carneiro Barbosa e Pedro Leon Ugalde, por todas as horas de nossos infindáveis debates,

Aos amigos Eraldo Montenegro, Carlos Salles e Carlos Magno Xavier, pelo apoio incondicional em todas as horas,

Ao amigo Paul Dinsmore, pela honra que me deu de ter prefaciado meu livro.

SUMÁRIO

CAPÍTULO 1 *Iniciação em Gerenciamento de Projetos*   *1*

1.1 Conceitos básicos   1
1.2 Fatores humanos   8
1.3 Fatores ambientais   12
1.4 A natureza dos documentos   18

CAPÍTULO 2 *Áreas de Conhecimento – Indo Diretamente ao Assunto*   *21*

2.1 Gerenciamento da integração   22
2.2 Gerenciamento do escopo   27
2.3 Gerenciamento dos custos   34
2.4 Gerenciamento do tempo   42
2.5 Gerenciamento da comunicação   50
2.6 Gerenciamento dos recursos humanos   54
2.7 Gerenciamento da qualidade   56
2.8 Gerenciamento dos riscos   59
2.9 Gerenciamento das aquisições   74

CAPÍTULO 3 *Conceitos e Técnicas Avançadas*   *77*

3.1 O gerenciamento pelo valor agregado   77
3.2 Análise quantitativa de riscos   89

CAPÍTULO 4 *Kit de Sobrevivência na Selva*   *95*

4.1 Se você é membro da equipe do projeto   95
4.2 Se você é o gerente do projeto   96
4.3 Se você é o patrocinador do projeto   98
4.4 Se você é um leigo e tem o seu projeto para tocar   99

Glossário   *103*

Bibliografia   *125*

CAPÍTULO 1

Iniciação em Gerenciamento de Projetos

1.1 CONCEITOS BÁSICOS

O objetivo deste item – Conceitos Básicos – é prover um conjunto de informações para alicerçar os capítulos seguintes e é direcionado para quem tem pouco ou nenhum treinamento formal em fundamentos do gerenciamento de projetos. E, para aqueles que já possuem tal vivência, pode ser uma útil reciclagem.

Você pode não estar familiarizado com alguns termos ou expressões que serão utilizados ao longo do texto. De forma a possibilitar uma comunicação eficiente sobre o assunto tratado você encontrará um glossário resumido ao final do livro. É essencial que tal assunto não fique "mais ou menos" entendido por conta do não-entendimento de uma palavra ou expressão. Recomendo que eventuais dúvidas sejam esclarecidas assim que surgirem. Use bem o glossário.

1.1.1 O que São Projetos

O *Project Management Body of Knowledge – PMBoK® 3rd Edition* define projeto como um "esforço temporário, com início e términos definidos, empreendido para criar um produto ou serviço único e elaborado pro-

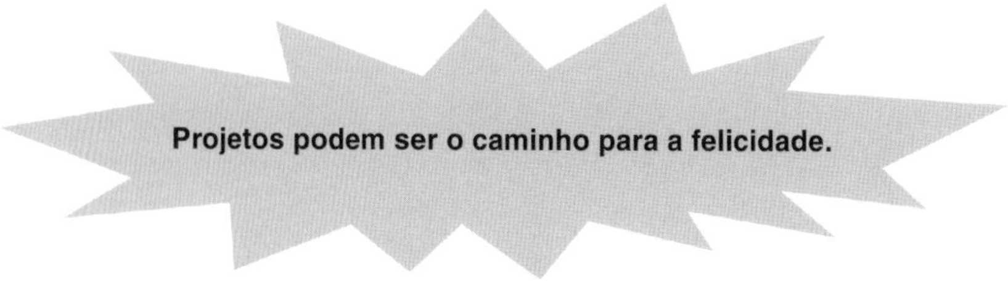

> **Projetos podem ser o caminho para a felicidade.**

Figura 1.1 Dica 1

gressivamente". Por produto ou serviço único entenda-se que, por mais parecido que seja o resultado do projeto com anteriores, em alguma dimensão existem ou existirão diferenças. E, ainda que o planejamento seja minucioso, detalhado e extremamente documentado, sempre será necessário planejamento adicional para tratar de aspectos que não foram originalmente detalhados ou ainda das mudanças que ocorrerão, sejam elas maiores ou menores.

Os projetos compartilham com as operações alguns aspectos. Ambos são realizados por pessoas, possuem restrições por conta de recursos limitados (pessoas, orçamento, máquinas, equipamentos e materiais), e de alguma forma são planejados, executados e controlados. Há ainda quem diga que prazo é também um recurso valioso, pois quase nunca temos todo o prazo necessário para a execução do projeto ou das rotinas operacionais em um ritmo mais cadenciado.

Os motivos que levam as organizações a empreender projetos são os mais variados, mas sempre estão atrelados ao atendimento de alguma necessidade estratégica. Aumentar a participação no mercado, gerar caixa, diminuir a obsolescência tecnológica, reduzir custos operacionais ou responder alguma ameaça da concorrência são alguns exemplos. E justamente pela natureza estratégica dos projetos é que estes devem possuir objetivos e metas claros e não ambíguos. Isso é indispensável para seu sucesso e do negócio, e é papel do patrocinador do projeto estabelecê-los e garantir a sua estabilidade ao longo de todo o seu ciclo de vida (veja Glossário).

Os objetivos, quando comparados com metas, costumam ser tidos como intangíveis ou de difícil mensuração, daí a necessidade de que algum parâmetro ou referência de medição relacionado aos objetivos seja estabelecido.

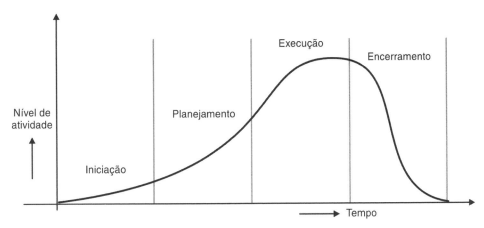

Figura 1.2 Exemplo de um ciclo de vida genérico

Eis um exemplo de objetivo definido de forma correta: "Este projeto deverá auxiliar nossa indústria a atingir dentro de 3 anos a primeira posição entre os fabricantes de dobradiças na pesquisa de satisfação das construtoras de médio e grande portes."

Eis um exemplo de meta definida da forma adequada: "Este projeto deverá aumentar a capacidade de produção mensal de dobradiças modelo M-31 das atuais 10.000 peças para 14.000 peças."

Se no decorrer do projeto for solicitada a inclusão de outro modelo ou o aumento da capacidade para 16.000 peças/mês, tais solicitações de mudança deverão ser formalmente comunicadas para a equipe do projeto. Os impactos no prazo, custo, riscos dentre outros deverão ser avaliados pelo gerente do projeto (envolvendo/consultando quem for necessário), cabendo a ele comunicá-los com a brevidade possível ao patrocinador. A este caberá a tarefa de analisá-los e somente então deliberar sobre a implementação das mudanças solicitadas. Nesse exemplo, os gerenciamentos de mudanças, da comunicação, dos riscos e da integração foram utilizados para o tratamento de situações que se apresentam corriqueiramente. Mas, na prática, a freqüência com que tais ações são empreendidas de forma sistemática é muito baixa. O uso das melhores práticas nem sempre é feito, gerando conflitos desnecessários ou resultados catastróficos ao longo de todo o ciclo de vida de um projeto.

Todo projeto possui vários "atores", chamados de partes interessadas ou *stakeholders*. São essencialmente as pessoas, áreas, organizações ou comunidades que podem ser afetadas de forma positiva ou negativa pela execução do projeto e/ou pelo produto do projeto.

Os *stakeholders* principais são definidos na Tabela 1.1.

TABELA 1.1 Principais partes interessadas

• **Gerente do projeto**	Pessoa responsável pelo gerenciamento do projeto. Pode também ser chamado de coordenador ou líder, dependendo da estrutura organizacional e do nível de autoridade.
• **Patrocinador** (*sponsor*)	Pessoa ou grupo, dentro ou fora da organização executora, que fornece apoio institucional, político e/ou recursos financeiros para que o projeto possa acontecer. Sem patrocinador, um projeto é pouco mais que um sonho.
• **Cliente**	Pessoa, área, organização ou comunidade que utilizará o produto ou serviço do projeto.
• **Membros da equipe**	Pessoas que compõem a equipe do projeto. Não são apenas aquelas ligadas hierarquicamente ao gerente, são também os níveis hierárquicos superiores. Estes últimos possuem grande influência sobre a condução do projeto.
• **Organização executora**	Empresa ou organização em que o projeto está sendo empreendido.
• **Comunidade**	Grupo de pessoas externas ao projeto. Mais freqüentes (e não restritos) aos projetos governamentais.

1.1.2 Metodologia: Os Processos como Ferramentas do GP

Processos podem ser definidos como sendo uma maneira ou forma de agir ou fazer algo. Todo processo possui um ou mais dados de entrada e de saída, e uma ou mais formas de produzir a(s) saída(s), conforme modelo representado na Figura 1.3. O gerenciamento dos processos pode

FIGURA 1.3 Modelo conceitual de um processo genérico

ser algo bem simples ou bastante complexo, dependendo do que ele precisa modelar.

Como exemplo, veja o processo na Tabela 1.2.

TABELA 1.2 Exemplo de processo

Processo para Emissão do TAP – Termo de Abertura do Projeto	
Entradas	1. Nome do projeto 2. Objetivos estratégicos 3. Descrição do produto do projeto 4. Metas 5. Expectativas de prazo e custos 6. Nome do gerente do projeto 7. Nível de autoridade do GP
Técnicas e ferramentas	8. Modelos de TAP 9. Reuniões de planejamento
Produtos ou saídas	10. TRP preenchido, aprovado e assinado pelo patrocinador do projeto.

Assim foi padronizada a forma como os termos de referência são emitidos em toda a organização. Se um funcionário de outra área for alocado ao projeto e se lá ele já havia sido treinado na emissão do TAP, não haverá necessidade de novo treinamento. Nota-se uma relação muito estreita entre processos e rotinas operacionais.

Processos bem modelados, simples ou complexos, podem e devem ser utilizados como ferramentas do gerenciamento de projetos para a criação de procedimentos para a emissão de planos e relatórios, por exemplo. Também podem ser utilizados para estruturar a realização de diversas outras atividades de planejamento, controle e encerramento. O principal motivo para tal é que, se bem definidos, os processos se tornam repetitivos e aumentam significativamente a previsibilidade de suas saídas. Isso é fator essencial para que com o passar do tempo o nível de maturidade do gerenciamento dos projetos aumente na organização executora, uma vez que, se os resultados produzidos ao fim de um dado procedimento variarem significativamente em relação ao de projetos anteriores, um sinal de alerta pode ser disparado e as causas de tal variação investigadas. Uma variação pode não caracterizar um erro ou um problema. O importante é que ela seja entendida para gerar melhor qualidade das saídas e eliminação ou redução de retrabalhos.

Quando se juntam os aspectos da cultura organizacional, os processos de GP e uma base científica de GP, os resultados são chamados de "procedimentos de GP".

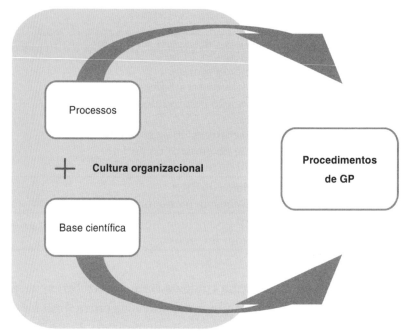

FIGURA 1.4 Modelo de formação dos procedimentos de GP

O conjunto de procedimentos de GP, por sua vez, é chamado de metodologia de gerenciamento de projetos.

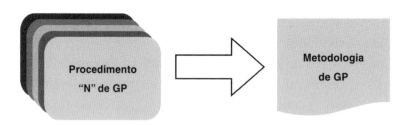

FIGURA 1.5 Modelo de formação de uma metodologia de GP

Quando for desenvolver a sua metodologia de gerenciamento de projetos, a forma mais eficiente para que ela saia do papel e vire algo útil e eficaz é por meio do envolvimento das áreas que a utilizarão. Ouça-as, peça que critiquem e tente ponderar as opiniões favoráveis e contrárias. Essa oportunidade dada aos futuros usuários dos procedimentos da sua metodologia gera comprometimento e é o que poderá garantir longa vida aos procedimentos e métodos desenvolvidos.

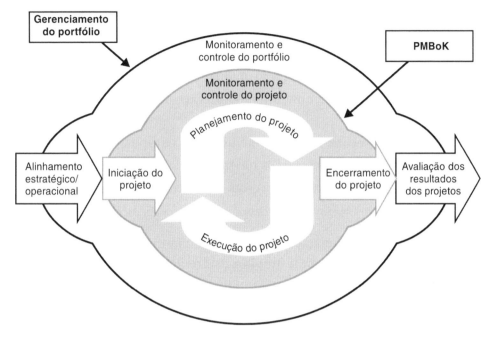

FIGURA 1.6 A abrangência do PMBoK®

O PMBoK® tem como foco a elaboração de um projeto. Uma metodologia deve focar a iniciação, o planejamento, a execução, o monitoramento e controle e o encerramento do projeto, conforme mostrado na Figura 1.6.

1.1.3 Por que os Projetos Fracassam

Existem inúmeros fatores que podem conduzir um projeto ao fracasso. Diversas organizações realizam pesquisas para entender os motivos. A grande maioria das estatísticas aponta como as principais causas, isoladamente ou em conjunto:

- Problemas de comunicação
- Escopo mal definido
- Falta de apoio dos patrocinadores
- Patrocinadores fracos
- Definição insuficiente dos requisitos do produto do projeto

- Estimativas fracas de prazo e/ou custo
- Falhas de planejamento
- Falhas de projeto
- Despreparo da equipe
- Falhas de fiscalização/controle
- Inexistência de um sistema formal de controle de mudanças
- Administração inadequada das expectativas das partes interessadas
- Conflitos de interesses entre membros da equipe do projeto
- Conflitos com outros projetos da empresa
- Administração ineficiente de recursos críticos
- O não-gerenciamento ou o gerenciamento ineficaz dos riscos.

Essa lista não é ordenada, é parcial, algumas causas isoladas podem estar contidas em outras mais amplas, e a freqüência de ocorrência também varia de acordo com o ramo da indústria, das condições de mercado e diversos outros fatores.

Estima-se que em 85% das vezes existe a emissão precoce de sinais indicando que alguma ameaça está por acontecer ou começou a ocorrer, porém tais sinais são visíveis apenas quando a equipe do projeto possui preparo. Os projetos também nos apresentam oportunidades, e cabe à equipe saber aproveitá-las. Isso é o gerenciamento de riscos dos projetos, e será mais detalhado no Capítulo 2, na seção 2.8, Gerenciamento dos Riscos, pois, quando os riscos são eficientemente gerenciados, ocorre um incremento significativo da probabilidade de o projeto atingir seus objetivos.

1.2 FATORES HUMANOS

O bicho homem costuma ser muito complicado, e da mesma forma o bicho mulher também costuma ser. Será mesmo? Nem sempre. Mas o que de tão fascinante existe nas pessoas que em questão de segundos podem transformar um momento comum em um momento memorável, ou ainda, em outro extremo, em algo que vamos querer esquecer? Uma crise enorme é solucionada por um rompante de criatividade, ou cria-se um problema porque as expectativas dessa ou daquela pessoa não foram adequadamente administradas.

Esse é um grande mistério que poucos conseguiram desvendar e cujo entendimento dominam com proficiência. Como os projetos são administrados por pessoas, os fatores humanos têm um peso muito grande. O que o bom senso me diz sempre converge para algumas boas práticas que são simples e freqüentemente esquecidas. Entre elas podemos citar algumas, como por exemplo: ouvir as pessoas, procurar entendê-las pelo menos no contexto profissional e usar sempre as palavras mágicas "Por favor" e " Muito obrigado". Até que ponto essas boas práticas e boas maneiras são esquecidas, e quanto isso pode custar para a saúde do projeto? Por mais profissionais que as pessoas sejam, antes de mais nada elas são seres humanos.

Um conjunto de fatores será descrito a seguir.

1.2.1 Habilidades Interpessoais

Lee Iacocca, um reconhecido empresário e executivo norte-americano, se destacou por sua capacidade de comunicação, não apenas na comunicação oral, mas principalmente na escrita. Ele desenvolveu um princípio de que, se uma idéia não estava boa no papel, era porque não estava suficientemente trabalhada. Pode parecer o óbvio, mas nem sempre foi assim.

A capacidade de se comunicar de maneira eficiente talvez seja a habilidade mais importante de um gerente de projeto. Fazer com que as informações sejam transmitidas pelo meio adequado, ao destinatário certo, na hora certa e com o nível de formalismo requerido é uma arte. Essa arte pode ser aprendida e aplicada de forma eficiente no ambiente de projetos conforme explicado no Capítulo 2, na seção 2.5, Gerenciamento da Comunicação, adiante. Saber ouvir é parte desse esforço.

A resolução de conflitos é outra habilidade essencial e que facilita a condução dos projetos, pois o gerente de projetos experiente busca, através deles, somar as diferenças e obter um resultado maior e mais completo do que os aspectos comuns às posições conflitantes. O "pensar diferente" é estimulado para que novas opiniões surjam.

Ao se deparar com situações delicadas e/ou inesperadas, o gerente de projetos maduro usa da serenidade e do equilíbrio para analisar friamente todas as facetas da situação que se apresenta e aí então gerar alternativas de solução. Os mais antigos dizem, sabiamente: "Muita calma nessa hora". Sair esbravejando, xingando ou chutando as coisas não trará nenhum benefício para o projeto.

Ao longo de minha carreira profissional, já me deparei com pessoas que a todo instante se mostravam incoerentes ao apresentar disparidades entre a forma com que falavam, agiam e pensavam. O bom gerente de projetos deve transmitir segurança para a equipe, e a coerência entre ações, palavras e pensamentos é uma forma eficiente de transmiti-la.

A sensação de frustração ou impotência perante a ausência da tomada de ação é ruim para o moral da equipe. Ninguém gosta de ver as coisas sempre paradas ou acontecendo ao deus-dará. Cabe ao bom gerente de projetos fazer com que as coisas andem e aconteçam. Nada de deixar os papéis parados na mesa.

Por fim, gostaria de citar a capacidade de liderança. O bom líder delega e provê meios e recursos à sua equipe para que as idéias se transformem em projetos bem-sucedidos. O bom líder cria líderes, estimula sua equipe e a mantém coesa enquanto as turbulências chacoalham o projeto.

- Ser um bom comunicador
- Ser um bom solucionador de conflitos
- Ser uma pessoa equilibrada
- Ser uma pessoa coerente
- Ser uma pessoa expedita
- Ser um bom líder.

1.2.2 Preparo Técnico

O preparo técnico pode apresentar diversas armadilhas ao gerente de projetos. É essencial que ele tenha conhecimento do produto do projeto, mas ele deve focar o escopo do projeto, ou seja, o trabalho que as pessoas precisam fazer para que o produto do projeto aconteça.

Sabe-se que os aspectos técnicos dos projetos podem ser extremamente sedutores, drenando tempo precioso do gerente do projeto, que acaba por relegar a segundo plano a resolução de conflitos, as comunicações, o planejamento de ações corretivas e todas as demais ações de gestão. Essa "armadilha" é uma velha conhecida, mas a todo instante pega suas vítimas.

Assim, o gerente do projeto deve concentrar seus esforços no trabalho de gestão, deixando o trabalho técnico por conta da equipe técnica do projeto. Como em muitos casos o gerente do projeto também é exigido nesse papel, ele deve balancear os esforços de forma que o trabalho técnico não interfira no trabalho de gestão.

1.2.3 Ética

A diferença entre o certo e o errado é de difícil determinação, pois diversos fatores, incluindo os culturais e nossos valores individuais, influenciam nossa opinião e nossa capacidade de julgamento.

> "A ética é daquelas coisas que todo mundo sabe o que é, mas que não é fácil de explicar quando alguém pergunta." (VALLS, Álvaro L.M. *O que é ética*. 7ª ed., Brasiliense, 1993, p.7.)

Numa visão otimista, se um indivíduo possui ética pessoal, também possuirá ética profissional, pois visa refletir na sua dimensão profissional seus valores como pessoa. A ética pessoal é a essência para se ter relacionamentos saudáveis e positivos. É como se fosse uma bússola que orienta as ações de cada um e que deve estar sempre apontada para o bem. Dessa forma, se as ações de um indivíduo não buscam causar dano de nenhuma natureza aos outros, não são negligentes e respeitam os valores de todas as partes, pode-se dizer que a ética está sendo usada.

Já a ética profissional está ligada às ações intrínsecas de cada profissão. O médico, o engenheiro, o biólogo, todas as profissões possuem um conjunto de preceitos que orientam seus profissionais sobre como devem se portar durante a prática de suas respectivas profissões, seja no trato com seus pares, seja no trato com seus clientes ou com a sociedade.

Os profissionais que respeitam tais preceitos apenas por esse fato em si já se destacam, pois são inúmeros aqueles que não respeitam acordos, prazos, compromissos, que se utilizam da "técnica do esquecimento" para buscar vantagens, numa típica postura apregoada pela "lei de Gérson", de levar vantagem em tudo. Mas devemos lembrar que problemas podem ser circunstanciais, e o uso do bom senso é recomendado para tentar diferenciar um acidente de percurso de uma ação mal-intencionada.

O PMI disponibiliza em seu website (http://www.pmi.org/PDF/ap_pmicodeofethics.pdf) seu código de ética e conduta profissional. É uma excelente referência.

12   Capítulo Um

Em suma: possuir ética pessoal e profissional e nortear as ações pelo respeito é essencial. E ter coerência entre pensamentos, fala e atitudes também é.

1.3 FATORES AMBIENTAIS

Os fatores ambientais dizem respeito ao local onde o projeto é empreendido e influenciam fortemente a maneira como os projetos são iniciados, planejados, executados e controlados. Podem ser subdivididos em algumas categorias:

- Ambiente cultural e social: a equipe deve compreender como o projeto afeta as pessoas e vice-versa. Entender os aspectos econômicos, demográficos, educacionais, éticos, étnicos, comunitários, religiosos e de outras características das pessoas afetadas pelo projeto ou que possam ter interesse no projeto é essencial.
- Cultura organizacional: o gerente de projetos deve examinar a cultura da organização que empreende o projeto de forma a avaliar se o gerenciamento de projetos é tido como uma função válida e capaz de influenciar no futuro do negócio da organização.
- Ambiente físico: caso o projeto afete seu ambiente físico, a equipe deverá possuir alguns membros que conheçam bem aspectos da ecologia local e da geografia física, e como esses podem afetar o projeto.

1.3.1 Maturidade em Gerenciamento de Projetos

1.3.1.1 Maturidade individual

Cada indivíduo possui diversas características que o diferenciam dos demais. No contexto de gerenciamento de projetos, as características que costumam ser mais valorizadas são:

- Bom conhecimento técnico sobre gerenciamento de projetos.
- Capacidade de transformar esses conhecimentos em ações que agreguem valor ao negócio.
- Atitude empreendedora.
- Habilidade para trabalhar em equipe.
- Habilidade para trabalhar sob pressão.

- Adaptabilidade às mudanças.
- Proatividade.
- Capacidade de superar limites.
- Ser uma pessoa moderada, flexível e equilibrada.

Todas essas características podem ser trabalhadas e desenvolvidas. Para tal, é necessário que as políticas de recursos humanos que o projeto possui (quando as possui, caso contrário prevalecem as da organização que executa o projeto) tenham definições claras sobre como os talentos serão obtidos, trabalhados e desenvolvidos.

Profissionais juniores, plenos e seniores são apenas diferentes em termos de *expertise*. É freqüente a ocorrência de profissionais juniores com maior maturidade em aspectos técnicos em gerenciamento de projetos do que plenos e seniores, pelo simples fato de serem mais flexíveis e não terem medo do novo.

O foco do gerente do projeto é criar competência em gerenciamento de projetos, que pode ser definida como a união de conhecimentos, habilidades e atitudes. Competente é aquele que consegue fazer com que as coisas aconteçam.

O foco do membro da equipe é aprender, desenvolver novas habilidades, conhecimentos e atitudes, e estar em constante evolução.

1.3.1.2 Maturidade da equipe

Um conjunto de talentos e competências nem sempre forma uma equipe vencedora. Fatores como homogeneidade ou heterogeneidade dos membros, perfil da equipe (liberal × rígida, flexível × inflexível, madura × jovem, ...) e o perfil do líder (democrático × autoritário, flexível × inflexível, seguro × inseguro...), administrados de maneira equivocada, podem gerar descompassos e fazer a equipe acabar por se tornar apenas mais uma, sem nenhum diferencial das demais.

Cabe ao gerente do projeto estruturar sua equipe de acordo com as demandas do trabalho que terá à frente. Entenda-se por estruturar sua equipe não só como obter as pessoas, mas também como obter as competências necessárias. Se as pessoas já possuem as competências, talvez elas necessitem ser lapidadas; caso contrário, deve-se buscá-las em outras pessoas ou criá-las dentro do time atual.

O gerente de projeto experiente busca ter em sua equipe pessoas que possam influenciar positivamente os demais membros. Estes normalmente acabam se tornando líderes, e formar líderes é parte das atribuições do gerente do projeto.

Uma equipe de projetos competente, balanceada em termos de experiência, estimulada, coesa, flexível e preparada para enfrentar os desafios é o sonho de qualquer gestor. Essa equipe pode contagiar outras pelo bom exemplo.

1.3.1.3 Maturidade empresarial

Não são poucos os casos em que uma "equipe de projetos dos sonhos" desmorona por conta de um líder fraco, inseguro e incompetente. Este, que não estabelece regras claras para os relacionamentos internos e para a realização dos trabalhos, é com freqüência centralizador e desestimula as iniciativas. Uma empresa que permite que tal catástrofe aconteça com certeza possui pouca ou nenhuma maturidade empresarial em gerenciamento de projetos, e muito menos um programa de desenvolvimento de competências.

Como pode um conjunto de talentos não funcionar a contento? Muitos podem ser os motivos, mas se faltam pressão externa, satisfação interna e um plano exeqüível, poucas são as chances de esse cenário mudar e a empresa valorizar o gerenciamento de projetos. A falta de apoio dos níveis hierárquicos superiores necessita ser investigada para se tentar descobrir e entender suas causas. O gerente do projeto deve tentar influenciar a organização e, se possível, mostrar que as empresas que investiram no desenvolvimento de uma metodologia de gerenciamento tiveram seus esforços recompensados.

A organização vencedora precisa estimular que os esforços de gestão de projetos sejam padronizados e que os trabalhos executados possam ser mensuráveis, e por conseguinte controláveis. Finalmente, deve estimular a capacidade de aprender continuamente.

A organização que aprende consegue atingir um elevado nível de maturidade em gerenciamento de projetos, e daí a busca pelas vantagens competitivas fica menos problemática.

Já existem pesquisas que mostram de maneira clara e indubitável a ligação entre um elevado nível de desempenho das empresas e altos níveis de maturidade em gerenciamento de projetos. Os executivos de tais organizações investem no gerenciamento de projetos e o valorizam, pois sabem que estes são a ferramenta essencial para fazer com que as iniciativas estratégicas se transformem em objetivos estratégicos atingidos e metas alcançadas.

O PMI lançou em 2004 uma norma chamada OPM3®: *Organizational Project Management Maturity Model* (Modelo de Maturidade Organizacional em Gerenciamento de Projetos), cuja estruturação se apresenta na Figura 1.7(a). Mais informações podem ser obtidas nos sites http://opm3online.pmi.org/demo/default.shtml e http://opm3.pmi.org.

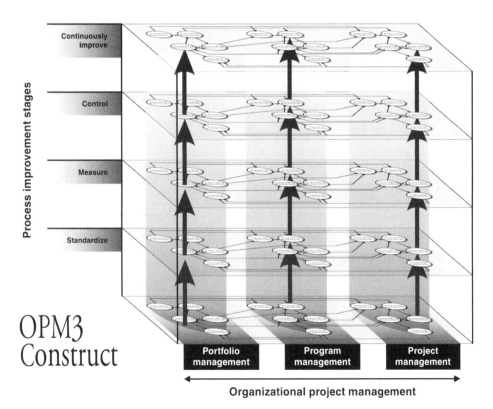

FIGURA 1.7(A)

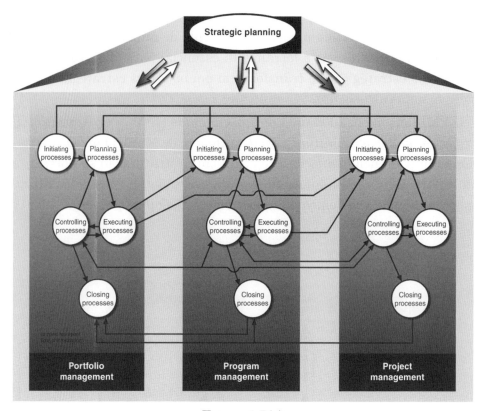

FIGURA 1.7(B)

1.3.1.4 Terminologia padronizada

Para que haja comunicação eficiente, é essencial que as partes se entendam e que não haja dúvida sobre o significado das palavras e expressões. Cientes disso, os fundadores do PMI lançaram um projeto com três diretrizes, que foi batizado de "ESA", ou "*Ethics, Standards & Accreditation*".

Na seção 1.2.3, Ética, abordamos a primeira diretriz, *Ethics* (ética).

A terceira diretriz, *Accreditation* (dar credibilidade), estruturou as bases do processo de certificação PMP® – *Project Management Professional*, que é o indivíduo que atendeu a uma série de requisitos preestabelecidos, aderiu ao código de ética e de conduta profissional e foi aprovado em um extenso exame.

A segunda diretriz, *Standards* (padrões), é o foco desta seção. Os padrões do PMI são as normas que estabelecem as bases científicas da profissão Gerente de Projetos, e são constantemente revisadas e modernizadas.

Focando nas pessoas, o PMI lançou a norma PMCDF® – *Project Management Competency Development Framework*, que já se encontra em sua segunda revisão. Seu objetivo é ajudar as pessoas a desenvolverem competências relacionadas ao gerenciamento de projetos.

Com foco nas equipes dos projetos, o PMI lançou a norma PMBoK® – *Project Management Body of Knowledge*, que trata das bases científicas para gerenciar as nove áreas de conhecimento de gerenciamento de projetos.

Finalmente, as empresas e organizações foram contempladas com a norma OPM3®, cujas explicações foram apresentadas na seção 1.3.1.3, Maturidade empresarial.

Antes ainda das normas, porém, é necessário que as palavras e expressões sejam padronizadas, permitindo dessa forma que as pessoas se comuniquem sem ruídos.

Com esse objetivo, o PMI padronizou a terminologia utilizada no gerenciamento de projetos. Essa padronização pode ser vista no Glossário, ao final do livro. Recomenda-se que seja lido várias vezes.

1.3.2 Autoridade × Responsabilidade × Prestação de Contas

Não são muitos os locais em que o gerente de projetos possui a autoridade necessária para mobilizar as diversas áreas, pessoas e recursos de acordo com as prioridades de seu projeto. Isso se dá porque cada organização dimensiona seus projetos de acordo com a estrutura que melhor lhes convém. Seja ele estruturado de forma funcional, matricial fraca, balanceada ou forte, ou ainda projetizado, sempre haverá prós e contras.

Não existe uma regra que valha para todas as circunstâncias e estruturas, o que quer dizer que, uma vez que o gerente do projeto compreendeu o equilíbrio de forças que existe no ambiente em que o projeto é empreendido, maiores e melhores serão os cuidados que ele poderá tomar para respeitar o equilíbrio entre o seu nível de autoridade, suas responsabilidades e a necessidade da prestação de contas.

Como exemplo citamos um caso em que numa empresa cujo setor que cuida de determinados tipos de equipamentos decidiu que o projeto B, naquele momento, era mais importante do que o projeto A. Determinou então que um equipamento crítico fosse deslocado do projeto A para o projeto B. Por mais que o gerente do projeto A discordasse de perder um recurso crítico, ele não possuía autoridade para contestar a decisão de um nível hierárquico superior. Por ser responsável pelo projeto e também pela prestação de contas, os impactos causados pela perda temporária desse equipamento foram incluídos em seu relatório de acompanhamento, e assim o atraso da área do projeto impactada pela perda foi justificado. O responsável pelo equipamento não era ele, e assim o gerente de projetos nunca foi responsabilizado por aquele atraso. As habilidades interpessoais são a chave para que o gerente do projeto consiga lidar bem com tais conflitos e os constantes desequilíbrios em relação a autoridade, responsabilidade e prestação de contas.

1.4 A NATUREZA DOS DOCUMENTOS

Cada documento de gestão de projeto tem um propósito específico, e por isso deve possuir características que o ajustem a seu propósito. Um plano de gerenciamento de uma determinada área é distinto de uma ata de reunião, que por sua vez difere de um relatório de acompanhamento, de uma matriz de atribuição de responsabilidades ou da listagem dos membros da equipe.

A boa caracterização dos documentos como estratégicos, gerenciais ou operacionais facilita o trabalho de gestão da comunicação do projeto.

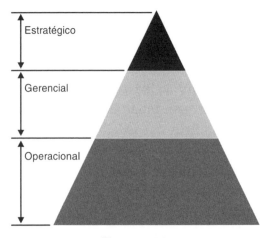

Figura 1.8

1.4.1 Documentos Estratégicos

São documentos estáveis, sujeitos a pouca ou nenhuma alteração ao longo do ciclo de vida do projeto. Devem ser abrangentes o suficiente para que, dentro do possível, não necessitem ser alterados quando o projeto passar por alterações, concisos, por conta de sua natureza estratégica, e assinados por um nível hierárquico adequado que possa lhe conferir a devida credibilidade.

O termo de abertura do projeto (TAP) é a sua certidão de nascimento, pois provê direcionamento estratégico para a equipe, explicita os objetivos e metas do projeto, declara as expectativas dos patrocinadores, lista as principais premissas e restrições, nomeia o gerente do projeto e declara seu nível de autoridade. O TAP está no topo do topo.

A declaração de escopo do projeto também é um documento de natureza estratégica. Nele, o produto do projeto é detalhado, o trabalho que a equipe do projeto deverá realizar é descrito, e a estrutura organizacional é correlacionada aos entregáveis. É como se fosse a lista de compras do projeto.

Um erro freqüente é incluir informações de natureza gerencial ou operacional (que são mais sujeitos a mudanças) em documentos de natureza estratégica. Se por exemplo a equipe do projeto é incluída no TAP, a cada mudança na equipe ele necessitaria ser reemitido. Isso não é razoável. A boa prática nesse caso específico é o TAP fazer referência ao documento "Equipe do Projeto", que é de natureza gerencial.

1.4.2 Documentos Gerenciais

Os documentos gerenciais são aqueles cuja freqüência de atualização é baixa, porém ocorre normalmente associada a algum evento relevante ocorrido com o projeto. Eles são de extensão média, seu nível de detalhe é intermediário, e seu conteúdo é um sumário das informações técnicas e operacionais.

O "plano de gerenciamento do projeto", a "equipe do projeto", o "cronograma", a "matriz de atribuição de responsabilidades" e o "relatório sumário de desempenho" são exemplos de documentos gerenciais.

Exceto quando explicitamente solicitado, ao se reportar a níveis hierárquicos superiores o gerente de projetos deve se abster de incluir em seus relatórios informações de natureza técnica e focar aspectos estritamente gerenciais.

20 Capítulo Um

Toda vez que as informações "sobem", elas precisam ser sumarizadas, e toda vez que "descem", elas serão mais pormenorizadas. Transformar diretrizes estratégicas em ações é algo complexo, e os projetos são considerados ferramentas úteis para tal fim.

1.4.3 Documentos Operacionais

Os documentos operacionais são aqueles cuja freqüência de atualização ou de emissão pode ser até diária, normalmente são extensos, complexos, e de maneira geral são produzidos a partir do acompanhamento do resultado dos trabalhos. O conteúdo é predominantemente técnico.

Por serem detalhados, eles são apropriados para circular entre equipes de perfil técnico, por exemplo, entre o gerente de infra-estrutura e os componentes de sua equipe. Caso necessite sair desse ambiente, os dados que contém precisam ser processados para produzir informação de natureza gerencial, que contém um resumo das informações operacionais.

Um erro comum é o envio de relatórios de acompanhamento técnico detalhados para níveis hierárquicos superiores. A partir de um determinado nível hierárquico, as pessoas não têm mais condições de lidar com grandes volumes de informação, e torna-se então uma exigência que os documentos operacionais sejam resumidos ao serem passados "para cima".

• CAPÍTULO 2 •

Áreas de Conhecimento – Indo Diretamente ao Assunto

Segundo o PMBoK, os projetos possuem nove áreas de conhecimento, que necessitam ser administradas de forma integrada para que se possa administrar o projeto como um todo.

Essas áreas, que serão um pouco mais detalhadas adiante, são:

- Gerenciamento da Integração
- Gerenciamento do Escopo
- Gerenciamento do Tempo
- Gerenciamento dos Custos
- Gerenciamento da Qualidade
- Gerenciamento dos Recursos Humanos
- Gerenciamento da Comunicação
- Gerenciamento dos Riscos
- Gerenciamento das Aquisições

A partir de uma visão pragmática, será feita uma abordagem do que é a essência da essência, pois todas as áreas apontadas são importantes; porém, aqueles que possuem pouco ou nenhum treinamento em gerenciamento de projetos podem ser tentados a cair na velha armadilha de

22   Capítulo Dois

tentar resolver todos os problemas de uma só vez. Por isso, nosso foco será no conjunto de ações gerenciais e atitudes comportamentais que mais podem contribuir para que as idéias se transformem em projetos bem-sucedidos.

2.1 GERENCIAMENTO DA INTEGRAÇÃO

Podemos dizer que o gerenciamento da integração é uma das áreas de conhecimento de maior importância, visto que possui vários objetivos de suma importância, a saber:

1. Dar direcionamentro ao projeto.
2. Caracterizar o produto do projeto.
3. Planejar de forma integrada como o gerenciamento do projeto será feito.
4. Dirigir e gerenciar a execução do projeto.
5. Monitorar o trabalho do projeto,
6. Tratar as requisições de mudança de forma integrada.
7. Encerrar o projeto.

Dois *stakeholders* possuem especial destaque no gerenciamento da integração: o gerente/coordenador do projeto e o patrocinador do projeto. O gerente do projeto terá maior participação nos itens 2, 3, 4, 5 e 7. Já o patrocinador atuará mais nos itens 1 e 6. A maior preocupação do gerente do projeto deve ser a integração.

O direcionamento do projeto (1) se dá através da emissão de um documento chamado "Termo de abertura do projeto", no qual a organização empreendedora reconhecerá formalmente a existência do projeto, dará autoridade ao gerente do projeto e estabelecerá as metas e os objetivos a serem perseguidos. Um modelo é ilustrado a seguir, e, por se tratar de um documento de natureza estratégica, deve ser conciso (não possuir mais do que duas páginas) e ser amplo o suficiente para que não necessite ser atualizado quando o projeto sofrer alterações ao longo de seu ciclo de vida. Os objetivos e metas nele constantes deverão ser seguidos pela equipe do projeto ao longo de todo o seu ciclo de vida.

Nos projetos de maior relevância, recomenda-se que o patrocinador convoque uma reunião de partida e convide os principais setores da empresa que estarão envolvidos no projeto. Essa reunião terá aspectos tanto técnicos quanto políticos e estratégicos, e na maioria dos casos esses últimos terão um peso superior aos primeiros.

TERMO DE ABERTURA DE PROJETO	Código do TAP:
Título do projeto:	

Área responsável:
Gerente do projeto designado:
Nível de autoridade:

Descrição do projeto:
Justificativa:
Objetivos:
Metas:
Premissas:
Restrições:

Principais eventos	Data-alvo

Aprovado por:	
Assinatura:	Data: / /

FIGURA 2.1 Modelo de termo de abertura de projeto

A caracterização do produto do projeto (2) e de como os trabalhos serão realizados se dá através da declaração de escopo preliminar, que posteriormente evoluirá para a declaração de escopo do projeto. Pelo fato de os projetos serem planejados progressivamente, é natural que a equipe possua, nas fases iniciais do projeto, dúvidas a respeito de como os trabalhos serão feitos e o que se pretende fazer. Nesse momento a tônica é fazer perguntas. Estas gerarão dúvidas, e, ao buscarmos respostas, acabamos por desenvolver conhecimento sobre nosso projeto.

Além das informações constantes do termo de abertura do projeto, recomenda-se que a declaração preliminar de escopo também possua informações sobre os entregáveis do projeto, sobre os riscos já previamente identificados, a estrutura analítica preliminar, a estrutura organizacional do projeto e informações a respeito dos critérios de aceite do produto do projeto. Um modelo de declaração de escopo consta da seção Gerenciamento do Escopo, adiante.

O planejamento integrado do gerenciamento do projeto (3) deve ser feito através de reuniões da equipe do projeto, de forma que as pessoas saibam das características dos trabalhos dos demais membros, o senso de equipe comece a ser formado e cada uma saiba onde se situa no contexto dos trabalhos a serem executados.

O grupo 1 possui as áreas de conhecimento a serem tratadas prioritariamente e são custo, prazo, escopo e qualidade, através de um planejamento integrado que é o plano de gerenciamento do projeto. As demais áreas de conhecimento formam o grupo 2 (riscos, aquisições, recursos humanos e comunicações), que, mesmo sendo de suma importância, devem ser tratadas em momento posterior nas organizações que possuem menor nível de maturidade em gerenciamento de projetos. Se possível, o gerenciamento de riscos deve ser tratado como um aspecto estratégico, e, caso haja patrocínio, deverá migrar para o grupo 1.

A forma de dirigir e gerenciar a execução do projeto (4) varia de empresa para empresa e de equipe para equipe. Partindo-se do pressuposto de que já exista um cronograma, ele deve conter as principais ações a serem feitas e seus respectivos responsáveis nomeados. Ainda nas fases iniciais do projeto, a inexistência de um cronograma pode ocorrer, e assim os marcos constantes no termo de abertura do projeto devem orientar o trabalho da equipe. A partir desse documento, as ações que necessitam ocorrer nas próximas semanas devem ser relacionadas e o gerente do projeto necessitará perguntar – preventivamente – para cada responsável se existe algo que ele pode fazer para ajudar na busca das metas de prazo e custo. O gerente do projeto não deve ser parte do caminho crítico.

A monitoração do trabalho do projeto (5) só merece ser feita se objetivar mapear desvios e, a partir deles, buscar ações corretivas. Se esse não for o objetivo, o tempo da equipe não deve ser desperdiçado com reuniões inúteis e desgaste para gerar relatórios que servirão para pouco ou quase nada. Essa abordagem pode parecer estranha, mas são inúmeros os projetos em que as partes interessadas só ficam sabendo das más notícias na véspera. Os fatos já estão consumados, e não há mais o que se fazer para tentar trazer o projeto de volta à linha de base.

A postura desejável é que o acompanhamento do trabalho seja apresentado via relatório e que, com base nesse relatório, a reunião da equipe seja de planejamento das ações corretivas, focando o que está por vir, pró-ativamente. Tal relatório de acompanhamento deve ser feito por muitas mãos. Cada área do projeto necessita enviar com antecedência, para o gerente do projeto, os principais marcos, atingidos ou não, quais foram os eventos relevantes no período, quais os desvios mapeados e as respectivas ações corretivas já em andamento. De nada servem os relatórios quilométricos, que mais parecem trabalho de médico-legista. Eles simplesmente ignoram o fato de que o projeto deve andar para a frente. Recomenda-se que a equipe do projeto procure os problemas enquanto eles ainda possuem solução, e de preferência em suas fases mais precoces.

O tratamento das mudanças de forma integrada (6) requer que um processo de gerenciamento de solicitações de mudanças seja estabelecido e demanda da equipe disciplina em seguir tal procedimento.

Uma premissa básica de qualquer projeto é que ele não deve sofrer modificações. Como isso é praticamente impossível de acontecer, a tentativa de eliminação das mudanças só é feita através de um planejamento rigoroso e consistente, e, se este foi conseguido, poucas serão as oportunidades dadas para as mudanças.

A principal meta do tratamento das requisições de mudança deve ser obter o envolvimento de todas as partes que possam ser afetadas por elas, seja de forma positiva ou negativa. As solicitações de mudança devem incluir as de prazo, custo, escopo, critérios de aceite e outras que sejam relevantes. O envolvimento das áreas afetadas deve se dar na fase de avaliação das solicitações, e, depois de terem sido analisadas pelas áreas impactadas, o gerente do projeto as envia para o comitê de controle de mudanças, que pode ser constituído apenas pelo patrocinador ou então, em projetos de maior porte e/ou maior relevância, possuir representantes de diversas áreas da empresa.

Se o comitê aprova as mudanças, estas devem ser refletidas no planejamento do projeto e passam a fazer parte da documentação do projeto. Se o comitê não aprova as mudanças, o processo deve ser encerrado. Em ambos os casos o registro deve ser mantido, sendo o solicitante e a equipe do projeto notificados formalmente do resultado.

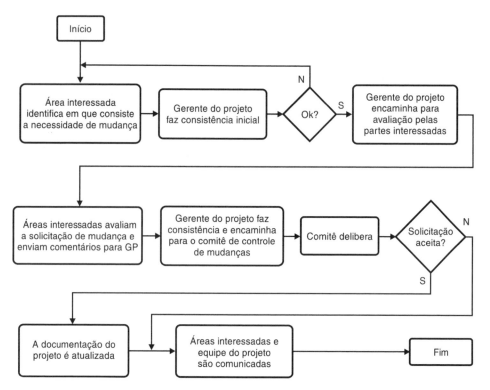

Figura 2.2 Fluxograma de um processo genérico de controle de mudanças

O encerramento do projeto (7) é um marco que se espera ser fonte de satisfação. Um projeto, cujas metas de prazo e de custos tenham sido atingidas, mas cuja equipe não se suporta mais, foi um verdadeiro fracasso, pois o principal cliente do projeto é a própria equipe, que deve se esmerar em preservar os relacionamentos.

Pesquisa recente conduzida pelo capítulo Rio de Janeiro do PMI® indicou que menos de 30% dos projetos atingem a meta de prazo, de custo, ou ambas. Então, além de entregar os produto ou serviço do projeto, a equipe deve avaliar os motivos que levaram aos desvios ocorridos, encerrar todos os contratos e comunicar a todas as partes interessadas – dentro e fora da organização executora – que o projeto acabou.

A busca por motivos de desvios não deve ser uma "caça às bruxas", e sim se ater à retenção do conhecimento gerado dentro da organização. Estima-se em bilhões de dólares as perdas anuais por conta da má gestão do conhecimento por parte das organizações, e os projetos contribuem para esses números.

2.2 GERENCIAMENTO DO ESCOPO

O escopo é freqüentemente citado como o grande vilão dos projetos. Como qualquer outra área de conhecimento, quando é tratado de maneira incorreta ou não é tratado, o escopo gera sim problemas.

Podemos definir escopo como:

- A abrangência do projeto em relação ao que ele precisa produzir.
- O trabalho que a equipe de projeto precisa fazer para entregar os produtos e serviços do projeto.

As organizações que já enxergam escopo como os dois itens identificados anteriormente já possuem certo grau de maturidade em gerenciamento do projeto, o que constitui um bom sinal, porém o cenário mais comum é focar apenas nos produtos do projeto. Isso não é recomendável.

O ponto de partida é o gerente do projeto definir, de comum acordo com a equipe, como o gerenciamento do escopo se dará ao longo de todo o ciclo de vida do projeto. Tal definição pode se dar de maneira formal ou informal, porém é indispensável que, uma vez criadas, as regras sejam seguidas fielmente por toda a equipe. A forma como essas regras serão criadas precisam ser definidas nesse momento. Sejam em reuniões, *workshops* ou com o uso de modelos criados a partir de projetos anteriores, o que realmente importa é que elas sejam criadas.

Dependendo do porte e da complexidade do projeto, tais regras poderão estar contidas no plano de gerenciamento do projeto como um capítulo à parte. Em projetos menores, uns poucos parágrafos constantes da declaração de escopo podem ser o suficiente.

A declaração de escopo preliminar, preparada conforme as orientações básicas, dadas no capítulo de integração, servirá de base para a emissão da declaração de escopo do projeto. Com o passar do tempo a equipe vai aprendendo mais sobre ele, e dessa forma é natural que o nível de definição desse documento melhore.

Uma vez elaborada, a declaração de escopo deve ser congelada, pois, se a todo instante for alterada, nenhum planejamento permanecerá estável. O principal impacto de tal fato será o retrabalho, o que muito desestimula as equipes. A responsabilidade pela elaboração da declaração de escopo é da equipe, e cabe ao gerente de projeto obter o envolvimento de todos para tal fim.

O conteúdo sugerido para uma declaração de escopo para a maioria dos projetos é o seguinte:

1. Descrição do projeto
2. Objetivo do projeto
3. Justificativa do projeto
4. Produtos do projeto
5. Entregas do projeto
6. Expectativas do cliente
7. Plano de entregas – marcos do projeto
8. Restrições
9. Premissas
10. Exclusões específicas

Os itens 1, 2 e 3 deverão ser obtidos junto ao Termo de Abertura do Projeto (veja seção 2.1, Gerenciamento da Integração).

Os itens 4 e 5, especificamente, constituirão uma "lista de compras" do cliente, e caberá à equipe do projeto providenciá-la. Eles devem ser detalhados conforme as orientações que serão dadas a seguir, ao abordarmos a EAP – Estrutura Analítica do Projeto.

O item 6, "expectativas do cliente" – deve ser administrado a todo instante, e não apenas no momento da entrega dos produtos do projeto. Isso evita surpresas de última hora e aumenta as chances de o projeto atingir seus objetivos. Por esse motivo, é essencial que as expectativas estejam documentadas e acessíveis.

O item 7, "plano de entregas – marcos do projeto" – de certa forma também constitui expectativas que necessitam ser administradas de maneira adequada. O objetivo da obtenção dessas informações é prover direcionamento para a futura elaboração do cronograma do projeto. Deve-se perguntar ao cliente qual a ordem das entregas a ser planejada. Dentro do possível, deve-se buscar atendê-la da melhor maneira possível.

Os itens 8 e 9 não devem se restringir ao conteúdo do termo de abertura do projeto, e é possível que na declaração de escopo as premissas e restrições aumentem tanto de quantidade quanto no nível de detalhamento. Relembro que premissas são fatores ou condições que, para fins de planejamento, são considerados válidos, estáveis e aceitáveis. Já as restrições são os fatores que limitam as opções da equipe do projeto. Dependendo do momento do ciclo de vida do projeto e da natureza do tipo de documento que se está planejando ou elaborando, as premissas podem se transformar em restrições e vice-versa.

As "exclusões específicas" citadas no item 10 referem-se a tudo aquilo que não vai ser produzido pelo projeto, mesmo que em projetos parecidos isso ou aquilo tenha sido feito. A referência às exclusões é uma forma segura de direcionar os esforços da equipe e de também administrar as expectativas do cliente, pois tudo o que não consta explicitamente do escopo do projeto está excluído dele.

Qualquer gerente de projetos experiente sabe que os projetos são incontroláveis. E, por mais surpreendente que possa parecer, são sim in-

30 Capítulo Dois

controláveis, pois se trata de "entidades vivas e complexas", e que a qualquer instante podem nos surpreender tanto positiva quanto negativamente.

A maneira de domar essa "entidade complexa" é transformá-la em uma série de problemas menores e por conseguinte gerenciáveis. Isso se dá através do uso da técnica da decomposição, em que:

- dividimos o trabalho sucessivamente até chegarmos a um nível em que conseguimos exercer controle;
- cada entregável seja tangível e mensurável;
- o responsável por cada entregável seja definível e esteja definido de maneira não-ambígua;
- os critérios de aceitação sejam definíveis e estejam claramente definidos.

A base para a decomposição do escopo do projeto é a sua declaração de escopo. Ao produto dessa decomposição damos o nome "EAP – Estrutura Analítica do Projeto", e o nível que não é mais decomposto é o nosso pacote de trabalho (também chamado entregável); é nele que devemos concentrar nossos esforços de gestão.

A regra maior do gerenciamento do escopo é a "regra de ouro dos 100%", que diz:

> O escopo do projeto é composto apenas por 100% do escopo do projeto, e não por 99% ou menos e nem 101% ou mais.

Algo simples assim transforma-se em um direcionador estratégico da maior relevância, pois, se for seguido à risca, a todo instante a equipe procurará evitar, entre outras armadilhas, aquela que apregoa "querer surpreender o cliente fazendo mais do que ele esperava". Uma vitória da equipe será obtida caso consiga entregar no prazo, no custo e na qualidade todo o escopo encomendado, e apenas todo ele.

Uma EAP pode ser estruturada como um organograma, seguindo-se alguns poucos passos:

1. O nome do projeto deve ser o nível 1.
2. Ao decompor o projeto, recomenda-se que as fases de ciclo de vida constem como nível 2.

3. Acrescenta-se no nível 2 o trabalho de gestão do projeto.
4. Nesse ponto aplica-se a regra dos 100%, pois o somatório de todo o nível atual deve dar exatamente 100% do nível superior. Se faltar algo, acrescenta-se; se tiver algo a mais, retira-se.
5. Cada caixa do nível 2 deve ser decomposta, formando-se o nível 3.
6. Repete-se o passo 4.
7. Continua-se a decomposição, caixa por caixa, até se atingir o nível desejado para o controle do projeto, que é o chamado "pacote de trabalho" – *work package*.

A Figura 2.3 representa um hipotético projeto, e que segue a regra dos 100%.

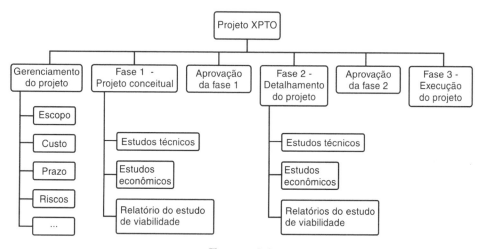

FIGURA 2.3

O retângulo tracejado na Figura 2.4 envolve todo o nível 2 do projeto. A soma do trabalho de todas as caixas que ele contém deve resultar em 100% do projeto.

De maneira análoga, o retângulo tracejado na Figura 2.5 envolve todas as caixas que compõem o pacote "Fase 1 – Projeto Conceitual". Se a soma dos trabalhos e entregáveis não totalizar 100%, há algum problema que necessita ser solucionado.

Fundações fracas derrubarão as edificações que por cima delas forem feitas, e as EAPs são as fundações de um projeto. Dessa forma, todo cuidado é pouco no planejamento do escopo do projeto. Recomenda-se

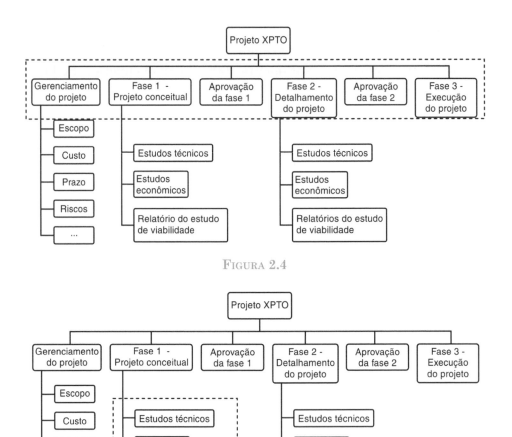

FIGURA 2.4

FIGURA 2.5

que toda a equipe seja envolvida na elaboração da EAP, mesmo que esse trabalho já parta de algum modelo padrão ou de projetos similares.

Se a Figura 2.5 for apresentada a cinco pessoas para que elas interpretem o significado de cada caixa, com 100% de certeza teremos cinco interpretações distintas, e isso se dá por diversos motivos.

A melhor maneira de eliminar a subjetividade intrínseca a uma EAP é descrever o que cada caixa significa. Ao conjunto de definições de todas as caixas se dá o nome "Dicionário da Estrutura Analítica". O produto de cada caixa necessita ser caracterizado com no mínimo as seguintes informações:

- Nome da caixa
- Descrição do que precisa produzir/entregar
- Nome do responsável por sua elaboração
- Critérios de aceite
- Quem é responsável por emitir o aceite
- Expectativas de prazo e custo para elaboração
- Outros pacotes correlacionados.

A elaboração de um bom dicionário da EAP é um dos exercícios que mais contribuem para elevar os níveis de definição do projeto. Mesmo sendo conceitualmente simples, vê-se que na prática sua elaboração demanda tempo, dedicação e planejamento criterioso.

Uma vez definido o escopo via declaração de escopo e elaboração do dicionário da EAP, a equipe do projeto costuma cair em uma outra velha armadilha, que é presumir que o trabalho contido na EAP é tudo o que necessita ser feito, mas normalmente não o é. Ainda é necessária a obtenção, pelo gerente do projeto, do aceite formal desse trabalho por parte do patrocinador.

Cabe ao patrocinador ser acessível e dar suporte ao gerente e à equipe nesse trabalho, agindo com paciência e dedicando tempo a esse importante trabalho, pois será no final dele que as "fundações do projeto" serão concluídas.

Uma vez obtida a aprovação da declaração de escopo, da EAP e do dicionário da EAP, o passo seguinte é controlar o escopo. Por isso devemos entender que a regra de ouro dos 100% é a diretriz maior da equipe. Através dela a equipe focará em fazer tudo o que foi planejado e admi-

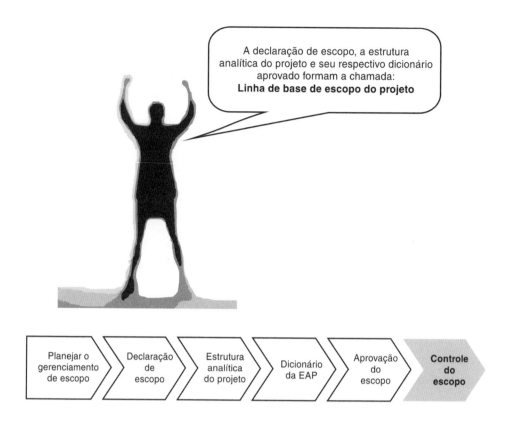

nistrar as mudanças de escopo solicitadas, garantindo que o processo de gerenciamento de mudanças, descrito na seção de integração, seja seguido do início ao fim.

Caso as mudanças sejam aprovadas, a documentação do projeto precisará ser atualizada para refletir o novo cenário e garantir que ela está atualizada e que continua útil. Dessa forma, os documentos que compõem a linha de base de escopo se mantêm como ferramentas de trabalho úteis.

2.3 GERENCIAMENTO DOS CUSTOS

A essência do gerenciamento dos custos do projeto é conseguir realizá-lo dentro do orçamento aprovado. Historicamente porém os custos têm sido fonte de grandes dores de cabeça para todos os envolvidos nos projetos. De fato, diversos estudos e pesquisas apontam que a maioria absoluta dos projetos apresenta problemas com custos. De acordo com o 4º Estudo de Benchmarking de Gerenciamento de Projetos (novembro/2007), conduzido por diversas regionais do Instituto de Gerenciamento de Projetos no Brasil, as causas mais freqüentes de problemas são:

- Estimativas incorretas ou sem fundamento
- Mudanças de prioridades constantes
- Não-cumprimento do orçamento
- Riscos não-avaliados corretamente
- Recursos humanos insuficientes
- Escopo não-definido adequadamente
- Mudanças de escopo constantes
- Problemas de comunicação
- Não-cumprimento de prazos

Nota-se que essas causas estão todas inter-relacionadas, em maior ou menor grau. Estimativas incorretas ou não-fundamentadas de prazos e/ou custos se refletem nos níveis de satisfação do dono do projeto e da equipe. Isso pode ocasionar mudanças de escopo para se tentar fazer com que os custos e prazos sejam reenquadrados em níveis mais confortáveis, e, por tabela, as ameaças aos objetivos de prazo, custos, escopo e qualidade do projeto aumentam. A equação do caos se fecha.

Existe um conjunto de boas práticas de gerenciamento de custos que é aplicável na maioria das vezes em quase todos os projetos, e elas costumam ajudar bastante. Vamos a elas:

1. Obter definição do escopo.
2. Obter ajuda de estimadores experientes.
3. Obter comprometimento da equipe com os números obtidos.
4. Monitorar e controlar os custos do projeto.

O ponto de partida é (1) a obtenção da definição do escopo, que é a aprovação do que o projeto precisará produzir e do trabalho necessário para tal. Recomenda-se uma releitura da seção 2.2, Gerenciamento do Escopo, para consolidação dos conceitos.

A (2) obtenção da ajuda de estimadores experientes é essencial para a elaboração da estimativa de custos do projeto. Estes seguem alguns passos comuns a quase todos os projetos. São eles:

- Estimativa dos recursos do projeto: através do uso da experiência obtida em projetos anteriores, de tabelas auxiliares, listas de verificação e composições de custos unitários, os estimadores farão a lista mais completa possível com todos os recursos (equipamentos, materiais e pessoas) que o projeto demandará. Essa lista deverá conter não apenas o nome dos recursos e das quantidades, mas também outros detalhes, como características técnicas, especificações e unidade de consumo.

Composição de custo unitário

Serviço			Unidade de serviço	Data

Código	Materiais	Consumo	Unidade	Custo unitário	Custo total
	Total de materiais				

Código	Equipamento	Consumo	Unidade	Custo unitário	Custo total
	Total de equipamento				

Código	Serviços	Consumo	Unidade	Custo unitário	Custo total
	Total de serviços				

Código	Mão-de-obra	Consumo	Unidade	Custo unitário	Custo total
	Subtotal de mão-de-obra				
Leis sociais				XXX%	
	Total de mão-de-obra				

Custo direto total	

FIGURA 2.7 Modelo de planilha de composição de custo unitário das atividades

- Estimativa dos custos dos recursos: Nesse passo, os estimadores fazem consultas ao mercado e aos registros de projetos anteriores visando buscar qual é a ordem de grandeza dos valores envolvidos com cada recurso mapeado na etapa anterior. O uso de mapas de cotação também auxilia bastante.

- Elaboração do orçamento: com base nas quantidades, índices e valores dos recursos obtidos nos dois passos anteriores, os estimadores já podem fechar a primeira estimativa do custo final do projeto. Um exemplo de planilha de orçamento é apresentado a seguir.

Orçamento de projeto					
Dados gerais					
Nome do projeto	Nonononono				
Cliente	Nonononono				
Patrocinador	Nononononono				
Gerente do projeto	Nonononononono				
Prazo de execução	Nonononononono				
Data de início prevista	dd / mm / aa				
Descrição sumária	Nononononononononononono				
Valores em R$	**Unidade**	**Qualidade**	**Preço**	**Preço unitário**	**Total**
Investimento para desenvolvimento e implantação					**R$ 0,00**
Licenças de aplicativos	UN				
Licenças de banco de dados	UN				
Licenças de sistema operacional	UN				
Hardware (computador/servidores/discos)	UN				
Outros equipamentos	UN				
Meios de transmissão	Verba				
Treinamentos	Verba				
Treinamentos regionais	UN				
Viagens nacionais	UN				
Diárias	UN				
Hospedagens	UN				
Gerente de projeto	Mês				
Analista de sistemas	Mês				
Analista de sistemas	Mês				
Analista de suporte	Mês				
Gastos com manutenção/operação					**R$ 0,00**
Manutenção de aplicativos vistoriadores	Verba				
Manutenção servidor	Verba				
Manutenção de hardware	Verba				
Manutenção da rede	Verba				
Sobressalentes	Verba				
Depreciação	R$				
Impacto de IR & CS	R$				
Subtotal					**R$ 0,00**
Reserva de contingência (X%)					
Valor total					**R$ 0,00**

FIGURA 2.8 Modelo de planilha de orçamento de projeto

- Elaboração da linha de base de custos: a linha de base é a visão de como os custos do projeto estarão no tempo futuro. Isso se dá para fins de planejamento, e, a partir do momento em que a linha de base de custos foi aprovada, entende-se que a de prazo também, e ambas passam a ser a meta da equipe; contra elas é que o desempenho do projeto deverá ser medido. A linha de base de custos é obtida a partir de duas entradas: o cronograma físico e a planilha de custos das atividades. Para cada linha do cronograma devemos procurar os percentuais de execução dos serviços que estão distribuídos ao longo do prazo do projeto. O passo seguinte é multiplicar o custo total do serviço pelo percentual planejado para cada mês. Repete-se isso para cada atividade, da primeira até a última. Por fim, somamos os valores obtidos para cada atividade, agrupados pelo período em consideração (semana/quinzena/mês/...).

Atividade	Unid.	Quantidade	Valor total	1	2	3	4	5	6	7	8
Atividade 1	m^2	2.300	158.000	10% 15.800	15% 23.700	22% 34.760	25% 39.500	15% 23.700	8% 12.640	3% 4.749	2% 3.160
Atividade 2	kg	7.500	63.750		15% 9.563	8% 5.100	2% 1.275	25% 15.938	32% 20.400	18% 11.475	
Atividade 3	m	6.500	97.500	28% 27.300	52% 50.700	20% 19.500					
Atividade 4	hh	9.700	562.600		2% 11.252	15% 84.390	28% 157.528	35% 196.910	12% 67.512	8% 45.008	
Atividade 5	verba	1	150.000				1% 150.000				
Atividade 6	unid.	2	25.000					50% 12.500	50% 12.500		
Atividade 7	l	3.600	13.680					10% 1.368	20% 2.736	70% 9.576	
Atividade 8	m^3	880	343.200						20% 68.640	70% 240.240	10% 34.320
Totais			No mês	43.100	92.215	143.750	348.303	250.416	184.428	311.039	37.480
			Valor acum.	43.100	138.315	282.065	630.368	880.783	1.065.211	1.376.250	1.413.730

FIGURA 2.9 Planilha de determinação da linha de base de custos

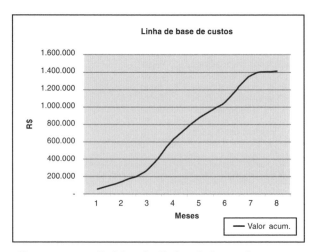

FIGURA 2.10 Gráfico da linha de base de custos

A (3) obtenção do comprometimento da equipe do projeto com os números obtidos se dá através do envolvimento desses na elaboração de críticas ao orçamento e à linha de base preparadas. Eles devem ter acesso não só aos números, mas também aos detalhes de suporte que os justificam. Essa etapa de refinamento pode não gerar alteração dos valores obtidos, mas, em contrapartida, foi dada ao restante da equipe a oportunidade de apresentar críticas e sugestões. No futuro isso poderá fazer uma grande diferença.

A (4) monitoração e o controle dos custos são essenciais para o sucesso do projeto. Vários problemas podem ser evitados, pois o desempenho de custos está intimamente relacionado à realização das entregas parciais do projeto no momento adequado. Caso as entregas parciais não ocorram no momento planejado, fica então caracterizada a existência de um problema potencial, pois se a equipe não foi capaz de realizar as entregas no prazo determinado então sobrou um volume maior de tarefas e serviços para o prazo remanescente do projeto, e isto não é bom pois o projeto poderá atrasar. Com o atraso vem a incidência de custos fixos. Estes são normalmente planejados para o prazo original do projeto.

Relembro que os custos fixos são aqueles que existem independentemente do ritmo do projeto. Estão intimamente ligados à manutenção da infra-estrutura do projeto (equipe de administração, aluguel das instalações do projeto/canteiro de obras, serviços de vigilância, etc.).

A equipe de estimadores experientes precisa estabelecer quais serão os meios usados para medir o desempenho do projeto e como estes serão medidos. A isto se dá o nome de métricas. Se forem bem estabelecidas poderão fazer toda a diferença na forma como o projeto é conduzido.

Muitas vezes se usam as mesmas métricas adotadas em projetos anteriores e similares. Isto é muito bom pois se ganha o tempo do planejamento de formulários e métodos de acompanhamento, mas nem sempre isto funciona pois devemos nos lembrar que os projetos são únicos e algo que funcionou em um pode não funcionar em outro por mais parecidos que sejam. Há que se ter flexibilidade.

A cada medição sugere-se o preenchimento de uma tabela como a exibida na página seguinte.

Um dos segredos para o sucesso dessa tabela é o constante controle dos serviços e entregas que o projeto fez no período em questão, pois a proximidade das equipes de gerenciamento com o real desempenho do

40   Capítulo Dois

TABELA 2.1 Tabela de acompanhamento de custos

	Nome do Projeto		
	Gerente do Projeto		
1	Gasto acumulado anterior		25.000
2	Limite orçamentário anterior		26.000
3	Variação orçamentária anterior (02 - 01)	1.000	
4	Gastos no período		5.000
5	Limite de orçamento no período		4.000
6	Variação orçamentária no período (04 - 03)	(1.000)	
7	Gastos totais (01 + 04)		30.000
8	Saldo anterior de caixa		150.000
9	Saldo atual de caixa (08 - 04)		145.000
10	Estimativa para completar	95.000	
11	Orçamento original		110.000
12	Orçamento revisado (07 + 10)		125.000
13	Variação ao término (11 - 12)		(15.000)
14	Situação do caixa (09 - 10)	50.000	
	Medição número:		
	Elaborado por:		Data:

projeto é quesito essencial para os projetos que possuem real determinação em atingir as metas constantes do termo de abertura.

> Novamente afirmo: qualquer ação de acompanhamento e controle que não busque obstinadamente desvios de desempenho do projeto, que identifique as causas dos desvios encontrados e a partir delas planeje e implemente ações corretivas se constitui mera perda de tempo.

A variação orçamentária citada nas linhas 3 e 6 da Tabela 2.1 é de suma importância pelos seguintes motivos:

- É calculada a partir dos gastos reais no período (linha 4), ou seja, tudo o que ficou pronto precisa ter seus gastos reais apropriados detalhadamente.
- É calculada também a partir do valor em que orçamos o trabalho que foi realizado (linha 5). Significa que cada item entregue teve, à época do planejamento, seus respectivos custos planilhados. Devemos lançar mão dessas anotações e recuperar esse valor.
- Dessa forma, a linha 5 contém o limite máximo que poderíamos gastar com os produtos e serviços constantes da linha 4. Uma variação orçamentária (linha 6) positiva significa que gastamos menos do que poderíamos, e isso é bom.
- As linhas 1 e 2 representam os valores acumulados desde o início do projeto para as linhas 4 e 5.

Um outro fator que aumenta em muito as chances de o projeto atingir a meta de custos é o conhecimento a todo instante de quanto vão custar os serviços e produtos ainda não entregues (linha 10). Esse dado, quando comparado com o saldo de caixa do projeto (linha 9), nos indicará se teremos ou não necessidade de arrumar mais dinheiro para arcar com os custos que ainda estão por vir, indicados na linha 14. Caso a linha 14 apresente valor positivo, ainda teremos dinheiro para encerrar o projeto. E se ele estará dentro do orçamento original ou não, estará indicado na linha 13. Caso esta tenha um valor positivo, o projeto tende a terminar abaixo do orçamento original.

Na seção 3.1, O Gerenciamento pelo Valor Agregado, falo mais detalhadamente sobre uma técnica avançada de gerenciamento de custos, e recomendo sua leitura posteriormente.

Cabe ao patrocinador do projeto prover toda a infra-estrutura e os recursos para que o orçamento seja bem-feito. Cabe ainda a ele cobrar que a tabela de acompanhamento de custos, apresentada anteriormente, conste de cada relatório de acompanhamento.

Ao gerente do projeto cabe orientar os estimadores a elaborar a planilha de serviços de forma detalhada o suficiente para permitir a medição e o acompanhamento dos mesmos ao longo de todo o projeto. Os serviços precisam ser mensuráveis, pois, caso contrário, não será possível realizar o controle, e, dessa forma, as chances de estouro dos custos são muito grandes. É muito comum o gerente do projeto não possuir o detalhamento de como os custos foram determinados, ficando com chances menores de poder interferir nos fatores que causam as mudanças nos custos. Por isso, deve solicitar aos estimadores o detalhamento dos custos e das composições de custos unitários para poder orientar o trabalho da equipe de maneira mais eficiente.

O membro da equipe deve participar da gestão dos custos também de forma ativa. Cabe a ele procurar formas mais eficientes de realizar suas atividades, e também participar dos esforços de apropriação dos custos, projeção dos custos futuros e planejamento de ações corretivas. O olhar para a frente em busca de soluções para os problemas encontrados é fator fundamental para o sucesso de qualquer projeto.

Vimos então que é possível simplificar o processo de gerenciamento de custos do projeto, porém há necessidade de apoio político e patrocínio para que tais processos e atitudes sejam implantados.

2.4 GERENCIAMENTO DO TEMPO

A meta do gerenciamento do tempo de projetos é conseguir atender à meta de prazo dada ao projeto, porém a grande maioria enfrenta problemas em fazê-lo, e as causas mais freqüentes são as mesmas que resumidamente foram abordadas na seção 2.3, Gerenciamento dos Custos.

O gerenciamento de tempo vem se mostrando um grande desafio para todas as equipes, talvez por ser uma das atividades de planejamento que mais estejam associadas às incertezas com as quais precisamos lidar no dia-a-dia da execução dos nossos projetos. Nossa postura e nosso perfil durante o esforço de realizar as estimativas de duração das atividades impactam diretamente nos resultados.

Nossa postura se relaciona a como nos comportamos na busca pelas informações que subsidiarão nossas estimativas, se somos detalhistas ou não, se buscamos informações em outros projetos, como lidamos com as pressões às quais somos submetidos e como buscamos envolver o restante da equipe nesse esforço.

O nosso perfil, por sua vez, também influencia nossa postura e os resultados. Perante as incertezas, cada pessoa age de uma forma diferente das demais na hora de fazer escolhas. Existem basicamente três grupos cujos padrões de comportamento foram estudados e devidamente caracterizados. A isso se deu o nome função utilidade, que relaciona o nível de interesse do tomador de decisão perante o valor potencial do negócio. Assim, se os valores envolvidos se elevam, o decisor pode ter o perfil de aversão ao risco e fazer estimativas pessimistas, representadas por longas durações. Se for neutro em relação ao incremento do valor, suas estimativas não serão afetadas por isso. Finalmente, caso tenha afeição ao risco, tenderá a ter uma postura otimista mesmo em situações de altos níveis de incerteza. Dessa forma, o perfil da equipe, do gerente do projeto e do patrocinador tem impacto direto no levantamento de riscos nas estimativas de duração das atividades.

Um projeto que atrasa produz aumento de custos por conta dos custos fixos, contribui para criar ou aumentar a insatisfação dos clientes e patrocinadores, e ainda pode frustrar as expectativas de todos, incluindo-se nesse quesito a própria equipe do projeto.

Em função da fase do ciclo de vida na qual o projeto se encontra, o planejamento de tempo precisará estar devidamente adequado ao nível de detalhamento requerido. Isso significa que nas fases preliminares de planejamento a equipe usará um cronograma de marcos com 10 ou 15 linhas e uns poucos pontos de destaque. Já próximo à fase de execução, o cronograma poderá evoluir para milhares de linhas e centenas de pontos de destaque, enquanto em um momento intermediário terá 500 ou 700 linhas apenas. Tanto a falta quanto o excesso de planejamento fazem mal ao projeto. Fazer o cronograma é apenas parte do planejamento.

2.4.1 Aspectos Gerais do Gerenciamento de Tempo

Em função do papel que cada um exerce, as demandas relativas ao gerenciamento de tempo são diferentes.

- Ao patrocinador cabe:
  - Ater-se ao macroplanejamento e deixar o microplanejamento a cargo da equipe do projeto.
  - Estar acessível para a equipe do projeto, pois um cronograma demanda muitas "idas e vindas" até estar finalizado.
  - Estimular que a reserva de contingenciamento de tempo seja realista.
  - Estabelecer os limites temporais nos quais as maiores e mais importantes atividades e entregas do projeto precisam se encaixar. Tais limites funcionarão como restrições que orientarão o trabalho do gerente do projeto relacionado ao microplanejamento.
  - Garantir que a equipe possuirá todos os recursos necessários para realizar as melhores estimativas possíveis.
  - Cobrar comprometimento com os prazos estabelecidos.
  - Em projetos maiores, apoiar a realização de *workshops* para permitir o melhor trabalho em equipe, de forma que haja integração entre os trabalhos das equipes e entre os cronogramas de cada área.
  - Estimular o uso de informações históricas da empresa em projetos similares – caso existam – e apoiar politicamente a equipe para que possa ter acesso às lições aprendidas.
  - Na fase de acompanhamento/controle, solicitar que todos os marcos de controle que não foram atendidos sejam listados e devidamente replanejados, de forma a não comprometer a meta final de

prazo do projeto. Os planos de recuperação precisam ser realistas, e cabe ao patrocinador apoiá-los tanto politicamente quanto com o provimento de recursos (pessoas, materiais e serviços).

- Ao gerente do projeto cabe:
  - Obter do patrocinador os limites nos quais as principais entregas do projeto devem ocorrer. Nem sempre tais informações estão disponíveis no termo de abertura do projeto, embora devam estar.
  - Atender às demandas do patrocinador e da equipe atuando como um facilitador para que as coisas ocorram.
  - Obter o envolvimento de todas as áreas impactados no projeto, nem que para tal necessite recorrer ao patrocinador.
  - Estimular a equipe a fazer o microplanejamento.
  - Integrar os cronogramas das áreas envolvidas.
  - Fazer análise de riscos e incorporar no cronograma a contingência adequada às expectativas de prazo do patrocinador. Caso este demande que o prazo seja menor do que aquele tecnicamente levantado, fazer um levantamento da probabilidade de se atingir o prazo por ele estipulado.
  - Checar se todas as técnicas de elaboração de cronogramas foram devidamente aplicadas e respeitadas.
  - Durante a fase de execução, deverá concentrar seus esforços para que todos os marcos e atividades do projeto ocorram conforme o planejado. Para tal, ele deverá se pôr sempre à disposição dos responsáveis pelas atividades no intuito de garantir que não faltará nada do que é necessário para atingir a meta de prazo.
  - Durante o acompanhamento, cada área deverá preparar seus relatórios conforme o andamento das atividades sob suas respectivas responsabilidades. Na ocorrência de desvios, os relatórios já devem apresentar os respectivos planos de recuperação.
- Aos membros da equipe do projeto cabe:
  - Participar ativamente de todas as atividades de elaboração do cronograma e do acompanhamento do projeto.
  - Pesquisar informações históricas relativas às durações das atividades e métodos construtivos dos entregáveis.
  - Ser detalhistas.
  - Ser acessíveis.

- Seguir a estruturação do projeto constante na EAP – estrutura analítica do projeto.
- Estar sempre dispostos a preparar a revisão 3, a 4, ...
- Pensar de forma integrada.

2.4.2 Aspectos Técnicos do Gerenciamento de Tempo

Um bom cronograma demanda trabalho árduo, bom domínio das técnicas e das boas práticas, e a aplicação destas. Um roteiro básico é o seguinte:

1. Identificar as atividades do projeto.
2. Seqüenciar as atividades.
3. Estimar os recursos necessários para a realização das atividades.
4. Estimar a duração das atividades.
5. Gerar o cronograma.

A (1) identificação das atividades do projeto deve ser baseada em dois documentos de escopo: a EAP – estrutura analítica do projeto e do dicionário da EAP. Da mesma forma que aplicamos a técnica da decomposição para determinar os pacotes de trabalho de nosso projeto, agora aplicaremos a mesma técnica no pacote do trabalho, e a saída será as atividades que precisamos realizar para produzir o pacote do trabalho. A Figura 2.11 ilustra as atividades identificadas e necessárias para a elaboração dos subprodutos A1, A2, B1 e B2.

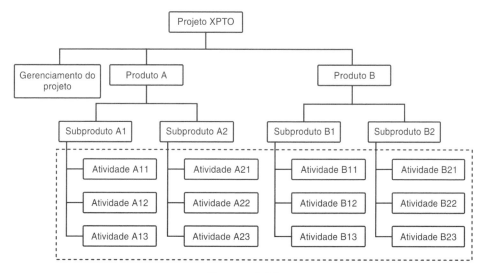

FIGURA 2.11

46 Capítulo Dois

O (2) seqüenciamento das atividades envolve estabelecer quais os tipos de dependência entre as atividades analisadas, em qual ordem elas devem ser realizadas para que cada pacote de trabalho seja entregue, e qual é o tipo de relacionamento entre cada uma.

- Tipos de dependência
  - Dependências mandatórias são aquelas inerentes à natureza do trabalho que será feito. Na obra de um prédio, a construção da estrutura requer que antes a fundação tenha sido feita, ou, ainda, o teste de um protótipo de um carro só pode ser feito após a construção desse protótipo.
  - Dependências arbitradas são aquelas definidas pela equipe do projeto. Recomenda-se que sejam muito bem documentadas, pois no futuro a equipe que realizará o projeto pode não compreender o motivo de tal restrição. Como exemplo citamos: "O carro só poderá ser comercializado após teste de rodagem de no mínimo 250.000 km."
  - Dependências externas são aquelas que envolvem relacionamento entre atividades do projeto e atividades que não são do projeto. Por exemplo, o início das operações da nova fábrica só se dará após a emissão, pelo Ibama, da LO – licença de operação.
- Tipos de atividade
  - Atividade predecessora é a atividade que começa ou termina antes de outra atividade.
  - Atividade sucessora é a atividade que só pode começar depois do início ou do término de outra atividade.
- Tipos de relacionamento entre as atividades
  - Término-início – TI: a atividade sucessora só se inicia após o término da atividade predecessora. A colocação das telhas só se inicia após o término da estrutura do telhado.
  - Início-início – II: a atividade sucessora só se inicia após o início da atividade predecessora. O início das compras se dará junto com as atividades de levantamento de materiais.
  - Término-término – TT: a atividade sucessora só termina com o término da atividade predecessora. O término do período de testes se dará apenas após o aceite do desempenho pelo cliente.
  - Início-término – IT: o término de uma atividade depende do iní-

cio da atividade anterior. É inverso do tipo TI. O computador antigo só pode ser desligado após o início de funcionamento do novo.

- Diagrama de rede do projeto
  - É um diagrama que utiliza retângulos nos nós para representar as atividades e os conecta por setas, que representam as dependências. É o tipo de diagrama utilizado pela maioria dos programas de elaboração de cronogramas. O diagrama pode ser feito manualmente ou no computador.

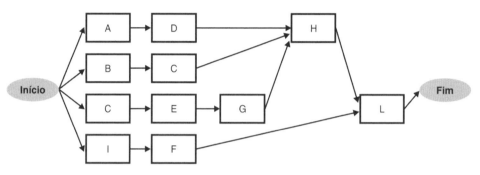

FIGURA 2.12

- Principais recomendações
  - Todo cronograma deve ter uma (e apenas uma) atividade que marca o início do projeto. Essa deverá ser a única atividade em todo o cronograma que não terá atividades predecessoras. Todas as outras, obrigatoriamente, deverão possuir ao menos uma atividade predecessora.
  - Todo cronograma deve ter uma (e apenas uma) atividade que marca o fim do projeto. Esta – por motivos óbvios – será a única atividade de todo o cronograma que não terá atividade sucessora. Todas as demais deverão possuir ao menos uma atividade sucessora.
  - Toda atividade que possuir sucessora com relacionamento II com sua sucessora deverá ter uma outra atividade sucessora, e com esta o seu relacionamento deverá ser de TI ou de TT.
  - Os marcos devem ser descritos com um verbo no passado: "Aceite obtido", "Relatório emitido", "Fase 2 iniciada", "Fase 2 terminada".

48 Capítulo Dois

– As atividades devem ser nomeadas com verbos no infinitivo, denotando ação.

– Os pacotes de trabalho devem ser nomeados com substantivos.

A (3) estimativa dos recursos necessários para a realização das atividades deve ser baseada em quesitos ou publicações técnicas ou por analogia com projetos anteriores. O uso de composições de custo unitário (conforme citado na seção Gerenciamento de Custos) é de grande valia por elas se constituírem em uma excelente ferramenta de planejamento. O RLS (Resource Loaded Schedule), ou cronograma com alocação de recursos, é um sonho para muitas empresas.

A (4) estimativa de duração das atividades é influenciada pelo tipo de recursos que nela são utilizados. Para determinados tipos de atividades, um recurso humano sênior tende a ser mais produtivo do que um júnior. Dessa forma, se alocarmos recursos seniores, existe uma tendência de que a duração da atividade seja menor; da mesma forma, a produtividade dos equipamentos também pode influenciar a duração das atividades. Existe porém um ponto a partir do qual não compensa nem justifica aumentar a quantidade de recursos para a realização das atividades, pois o retorno de prazo obtido não compensará os gastos adicionais. Por exemplo, um pedreiro pode gastar quatro dias para fazer uma parede. Se colocarmos dois pedreiros, a parede demorará dois dias apenas, mas se colocarmos 50 pedreiros ela não ficará pronta em 45 minutos, pois não haverá espaço para tanta gente trabalhar ao mesmo tempo.

> Existem atividades que precisam durar o tempo que elas precisam durar.

A (5) geração do cronograma é o coroamento de todo o esforço decorrente dos quatro passos anteriores. Quanto mais precisas as estimativas e maior o envolvimento das pessoas, mais realistas tendem a ser os números oriundos do cronograma. Isso é essencial para não gerar expectativas falsas e irreais. Para gerar o cronograma, primeiro alocamos os recursos físicos nas atividades e informamos suas respectivas taxas de produtividade, depois fazemos o nivelamento dos recursos em que descobrimos quais recursos estão superalocados e os redistribuímos para melhor uso deles.

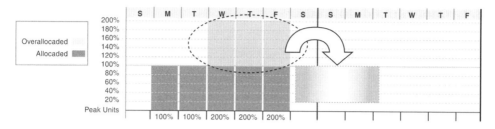

FIGURA 2.13

O software se encarregará de calcular o chamado caminho crítico, que é a seqüência de atividades que não possuem folga e que tem a maior duração do projeto. As saídas que podemos produzir são basicamente três tipos (ou visões) de cronograma.

1. Cronograma de marcos

EDT	Nome da tarefa	Duração	Início	Término	Predec
1	− Casa do Portal da Torre	151 dias?	Seg 17/5/04	Seg 13/12/04	
1.1	Início	0 dia	Seg 17/5/04	Seg 17/5/04	
1.4	− Construção da Casa	140 dias	Seg 17/5/04	Sex 26/11/04	
1.4.5	− Estrutura	74 dias	Qui 17/6/04	Qua 29/9/04	
1.4.5.1	− Fundação	24 dias	Qui 17/6/04	Qua 21/7/04	14
1.4.5.1.1	− Blocos e Cintas	24 dias	Qui 17/6/04	Qua 21/7/04	
1.4.5.1.1	Fundações concluídas	0 dia	Qui 17/6/04	Qui 17/6/04	
1.4.6	− Alvenaria	78 dias	Seg 17/5/04	Qua 1/9/04	
1.4.6.1	− Muro Divisório	1 dia	Seg 17/5/04	Seg 17/5/04	
1.4.6.1.1	Alvenaria concluída	0 dia	Seg 17/5/04	Seg 17/5/04	
1.4.7	− Telhado	95 dias	Seg 17/5/04	Sex 24/9/04	
1.4.7.2	− Garagem	1 dia	Seg 17/5/04	Seg 17/5/04	
1.4.7.2.3	Telhado concluído	0 dia	Seg 17/5/04	Seg 17/5/04	
1.4.12	− Pinturas	99 dias	Seg 17/5/04	Qui 30/9/04	
1.4.12.4	Pintura concluída	0 dia	Seg 17/5/04	Seg 17/5/04	
1.5	Fim	0 dia	Seg 13/12/04	Seg 13/12/04	

2. Cronograma de barras

EDT	Nome da tarefa	Duração	Início	Término	Predec
1	− Casa do Portal da Torre	151 dias?	Seg 17/5/04	Seg 13/12/04	
1.1	Início	0 dia	Seg 17/5/04	Seg 17/5/04	
1.2	+ Gerenciamento	151 dias	Seg 17/5/04	Seg 13/12/04	
1.3	+ Projeto	24 dias	Seg 17/5/04	Qui 17/6/04	
1.4	+ Construção da Casa	140 dias	Seg 17/5/04	Sex 26/11/04	
1.5	Fim	0 dia	Seg 13/12/04	Seg 13/12/04	3

3. Cronograma detalhado

EDT	Nome da Tarefa	Duração	Início	Término	Predec
1.4.4	⊟ Serviços Preliminares	4 dias	Sex 18/6/04	Qua 23/6/04	
1.4.4.1	Locação	2 dias	Sex 18/6/04	Seg 21/6/04	14
1.4.4.2	Terraplanagem	2 dias	Ter 22/6/04	Qua 23/6/04	33
1.4.5	⊟ Estrutura	74 dias	Sex 18/6/04	Qua 29/9/04	
1.4.5.1	⊟ Fundação	24 dias	Sex 18/6/04	Qua 21/7/04	14
1.4.5.1.1	⊟ Blocos e Cintas	24 dias	Sex 18/6/04	Qua 21/7/04	
1.4.5.1.1.	Marcação	3 dias	Ter 22/6/04	Qui 24/6/04	33
1.4.5.1.1.	Escavação	7 dias	Sex 18/6/04	Seg 28/6/04	38TT
1.4.5.1.1.	Formas	7 dias	Qua 23/6/04	Qui 1/7/04	39TI-4
1.4.5.1.1.	Armação	3 dias	Ter 29/6/04	Qui 1/7/04	40TI-3
1.4.5.1.1.	Concretagem	2 dias	Sex 2/7/04	Seg 5/7/04	41
1.4.5.1.1.	Desforma	2 dias	Ter 20/7/04	Qua 21/7/04	42TI+10
1.4.5.2	⊟ Superestrutura	50 dias	Qui 22/7/04	Qua 29/9/04	36;13
1.4.5.2.1	⊟ Pilares	50 dias	Qui 22/7/04	Qua 29/9/04	
1.4.5.2.1.	⊟ 1º Pavimento	20 dias	Qui 22/7/04	Qua 18/8/04	
1.4.5.2.1.	Marcação	1 dia	Qui 22/7/04	Qui 22/7/04	42
1.4.5.2.1.	Formas	1 dia	Sex 23/7/04	Sex 23/7/04	47
1.4.5.2.1.	Ferragem	2 dias	Seg 26/7/04	Ter 27/7/04	48
1.4.5.2.1.	Concretagem	1 dia	Qua 28/7/04	Qua 28/7/04	49
1.4.5.2.1.	Desforma	1 dia	Qua 18/8/04	Qua 18/8/04	50TI+14

2.5 GERENCIAMENTO DA COMUNICAÇÃO

Com uma freqüência elevada, essa área é tratada de forma negligente pelas equipes de projetos. A não-gestão ou a má gestão das comunicações possui uma enorme potencialidade para gerar problemas. De alguma forma, todos nós já enfrentamos problemas por conta de comunicações ineficientes.

Segundo o PMBoK® Terceira Edição, os objetivos das comunicações nos projetos incluem gerar, coletar, distribuir, armazenar, recuperar e dar destino às informações dos projetos, de forma clara, oportuna e adequada.

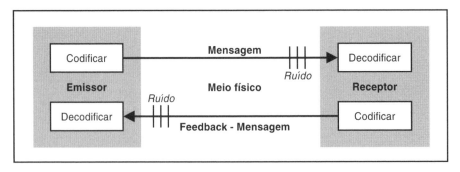

FIGURA 2.14 Modelo genérico de comunicação

Para que exista comunicação, é necessária a existência de pelo menos:

- Um emissor
- Um receptor
- Uma mensagem
- Um meio de transmissão.

A ausência de qualquer um desses elementos impossibilita a comunicação. Os ruídos são fatores que atrapalham a comunicação, dificultando a transmissão ou o entendimento das mensagens. Estão sempre presentes, e, via de regra, o máximo que conseguimos é minimizar sua intensidade.

Dessa forma, o emissor codifica o conteúdo da mensagem em um formato inteligível pelo destinatário, transmite essa mensagem por um meio qualquer, e o destinatário, ao recebê-la, faz sua decodificação e processa o seu conteúdo, transformando-o em idéias ou pensamentos significativos.

Em projetos, a abordagem das comunicações deve ser pragmática. Uma pequena tabela pode ser o ponto de partida para melhorar de maneira expressiva o desempenho do projeto simplesmente porque as informações corretas chegarão ao destinatário adequado no momento necessário.

Se o projeto for de pequeno porte e com poucas pessoas envolvidas, deve-se estabelecer uma tabela do tipo:

1. Nome das pessoas participantes do projeto.
2. Tipo de participante (gerente, coordenador, membro da equipe, patrocinador, diretor, população afetada pelo projeto, imprensa, vereador da situação, vereador da oposição etc.). É essencial que sejam mapeadas as pessoas que podem ser beneficiadas pelo trabalho do projeto ou pelo produto do projeto. O mesmo cuidado deve ser tomado em relação às pessoas que podem ser prejudicadas.
3. Determinar para cada um que tipo de informação deverá ser enviada, podendo variar de uma nota sintética de poucas linhas até um relatório operacional longo.
4. Determinar qual método será aplicado para comunicar. Os métodos mais freqüentemente utilizados são reuniões de acompanhamento, apresentações com os dados de desempenho do projeto ou ainda relatórios em papel ou meio eletrônico.

5. Para cada um dos itens anteriores, estabelecer a periodicidade da comunicação e o tipo de retorno que se espera que cada destinatário dê.

6. O correio eletrônico é talvez a ferramenta mais mal utilizada, e isso se deve ao fato de ser uma ferramenta simples e ágil. A mensagem que foi encaminhada e que foi reencaminhada e que foi acrescida de alguns comentários e que foi encaminhada e que foi editada e que foi encaminhada traz consigo uma cadeia enorme de emissores, destinatários, datas e conteúdos que, além de forçar seus destinatários a lê-las de trás para diante, na maioria das vezes não destaca o que realmente deve ser objeto de atenção. Lê-se uma infinidade de mensagens que no final das contas de pouca utilidade serão, ou ainda, numa situação pior, contêm alguma informação essencial para o projeto, mas esta se encontra escondida no corpo da mensagem ou em algum arquivo anexado. O destinatário tem que fazer uma verdadeira "garimpagem" para tentar extrair algo de útil, ao passo que o emissor poderia ter destacado o que realmente era essencial.

7. Use sempre o bom senso, e, em caso de dúvida, busque apoio e orientação junto ao patrocinador do projeto.

Para projetos de maior porte ou com muitas áreas envolvidas, alguns cuidados adicionais são obrigatórios. Os projetos com muitas áreas envolvidas já costumam por si só ser projetos complexos, e o esforço de manter todos os participantes devidamente informados e atualizados, a documentação atualizada e as versões dos documentos técnicos e gerenciais controladas eficientemente é um enorme desafio.

O ponto de partida deve ser:

- o organograma do projeto;
- a lista contendo a equipe do projeto.

Um organograma provê visão da estrutura hierárquica do projeto, que é essencial para o entendimento da estrutura de tomada de decisão do ambiente em que o projeto está inserido.

A lista da equipe do projeto deve conter no mínimo:

- Nome
- Cargo
- Função

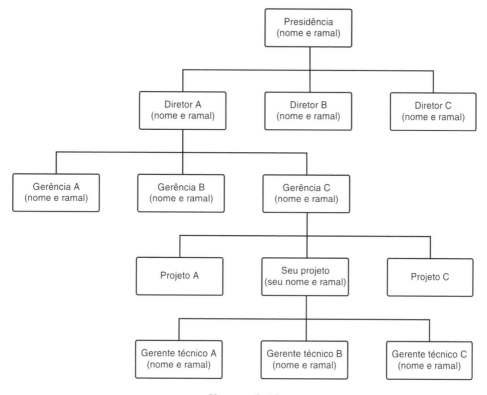

FIGURA 2.15

- Área em que atua no projeto
- Tipo de membro da equipe
- Telefones de contatos
- Endereço eletrônico
- Nome, telefone e endereço eletrônico do superior hierárquico imediato.

Uma análise mais profunda desses documentos ajuda a identificar alguns tipos de relacionamentos característicos de projetos complexos (quatros ou mais áreas envolvidas) que precisam ser tratados com atenção. Esses relacionamentos normalmente dizem respeito ao equilíbrio de autoridade entre o gerente ou coordenador do projeto e os responsáveis setoriais, e entre esses últimos e seus respectivos chefes. Muitas vezes os representantes de outros setores alocados ao projeto têm pouca ou nenhuma autoridade, atuando apenas como olhos e ouvidos de seus chefes. Outra possibilidade é a existência de um representante de outro setor que é ligado funcionalmente a outra diretoria que não possui ou que adota padrões de procedimento diferentes dos de sua área. Nesses casos vale a pena a equipe do projeto investir um tempo conversando com essas pessoas de forma a determinar a melhor maneira de as comunicações fluírem de forma adequada em todos os sentidos necessários. Esses são apenas uns poucos exemplos de relações formais, porém os relacionamentos informais costumam ter um peso muito grande. Converse bastante a respeito disso com as pessoas do seu projeto e evite armadilhas.

Os principais e mais freqüentes eventos de comunicação são:

- Reuniões
- Atas de reunião
- Pautas de reunião
- Relatórios de acompanhamento/desempenho
- Apresentações
- Eventos de formação de equipe (que também podem ser vistos como um processo de RH).

Tais eventos são atividades de gestão que consomem tempo e recursos, e por isso precisam constar no cronograma do projeto.

2.6 GERENCIAMENTO DOS RECURSOS HUMANOS

Montar uma equipe de projetos é uma tarefa normalmente complexa e pode demandar muito trabalho e desgaste. Fazer essa equipe ser uma equipe vencedora é ainda mais complexo, pois o desempenho da equipe é afetado diretamente pelo ambiente em que o projeto se desenvolve.

Talvez, na maioria das organizações as pessoas que trabalham com os projetos sejam mais ou menos conhecidas e fixas. Em outras organizações as equipes são montadas para atender a um projeto em específico e ao final deste a equipe é desmobilizada, podendo haver grande incerteza a respeito do futuro das pessoas cujos papéis já não mais são necessários ao projeto.

Lidar com os seres humanos demanda tato, experiência, sensibilidade e ética. Possuímos diversos aspectos que necessitam ser administrados com preparo, e este nem sempre existe. É como se fôssemos uma rede esticada: é impossível deslocar um nó da rede sem que os demais sejam deslocados em maior ou menor grau.

No ambiente de projetos, quatro passos são necessários para melhor gerenciar os recursos humanos:

1. Planejar os papéis de que o projeto necessitará.

2. Montar a equipe.

3. Desenvolver a equipe.

4. Gerenciar o trabalho da equipe.

Dentro do (1) planejamento dos papéis de que o projeto necessitará, o método mais comum é a elaboração da estrutura organizacional do projeto, em que as "caixas" representam os cargos necessários e suas respectivas funções. Um organograma como o apresentado na seção anterior pode ser utilizado como modelo. Caso a organização possua outros modelos, é sempre bom consultá-los, pois isso auxilia no ajuste da estrutura do projeto à estrutura da organização quando necessário. Cada "caixa" deve ter seu papel, responsabilidades, competências e níveis de autoridade definidos, pois isso é essencial para o passo seguinte.

A partir das saídas produzidas no item 1, o preenchimento das "caixas" (2) precisará ser feito. A forma como a equipe é montada pode variar desde telefonemas aos conhecidos dentro da organização até a publicação das oportunidades de trabalho em sites apropriados, passando pela intranet da empresa.

Uma vez preenchidas as caixas, é necessário (3) desenvolver a equipe. Existem várias técnicas, que podem constar desde a prática de habilidades gerais de gerenciamento até o treinamento formal, em sala de aula, ou estágios em outros projetos para que os membros aprendam praticando.

Atividades de formação de equipe também são recomendadas. Nessas atividades, um ou mais facilitadores fazem os membros da equipe enfrentar situações muitas vezes lúdicas e que de certa forma reproduzem situações cotidianas. Ao final de cada atividade, os "apertos" por que o time passou são discutidos e os participantes avaliam o que ocorreu e/ou a postura de equipe. Um antigo ditado diz que "conhecemos as pessoas de verdade apenas quando comemos sal juntos". Esses treinamentos costumam dar excelentes resultados.

Quando possível, os membros do projeto devem ser postos para trabalhar no mesmo espaço físico. É algo simples, mas que também ajuda na formação do sentimento de equipe.

O estabelecimento de critérios claros de premiação por bom desempenho do projeto pode também estimular os membros da equipe a dar "algo a mais de si" em prol do projeto.

Uma preocupação final é quanto ao estabelecimento claro de regras de comportamento, do que é aceitável ou não. Quanto mais precocemente tais regras de comportamento forem estabelecidas e aceitas, menores serão as chances de ocorrerem problemas e maiores as chances de ser obtido um bom desempenho.

Quanto mais integrada uma equipe, menores a rotatividade e o apoio mútuo.

Sobre o (5) gerenciamento do trabalho da equipe, além do desempenho nas atividades ordinárias, um acompanhamento periódico do comportamento de cada membro da equipe por parte dos superiores hierárquicos, que devem dar um retorno honesto e ético sobre o desempenho do profissional avaliado, é muito proveitoso. Por fim devemos lembrar que somos todos seres humanos e nem sempre todo dia é um bom dia. Por isso o profissionalismo deve ser um valor de primeira hora.

2.7 GERENCIAMENTO DA QUALIDADE

Para as pessoas ou organizações que não possuem metodologia de gerenciamento de projetos ou que se encontram nas fases iniciais de criação da sua, esta seção deve ser vista a princípio como "cultura geral". Dados os passos iniciais, a releitura desta seção é de suma importância.

O gerenciamento da qualidade em projetos pode possuir dois focos distintos e não mutuamente excludentes:

- **Qualidade do Produto do Projeto**

    É estabelecida através de requisitos de design, técnicos, de desempenho ou outros que sejam estabelecidos por quem tem autoridade para tal. Exemplos:

    - A pintura dos postes metálicos deve resistir durante pelo menos cinco anos de exposição ao sol, chuva, frio e calor, sem necessitar de retoques.

    - O servidor do *website* deve ter disponibilidade anual de 99,7%.

    - A bicicleta que será produzida não poderá exceder o peso de 9,5 quilos.

- **Qualidade do Projeto**

Refere-se à qualidade do trabalho que necessita ser feito para entregar o produto do projeto, e se dá através do estabelecimento dos padrões metodológicos de gerenciamento de projetos que sejam relevantes e aplicáveis, além da determinação de como atendê-los. O plano de gerenciamento do projeto poderá estabelecer, por exemplo, que:

- A estrutura analítica do projeto deverá possuir pelo menos seis níveis e seguir o padrão corporativo GE-0012-0.
- O gerenciamento de custos deverá utilizar a abordagem metodológica estabelecida pela norma padrão PS-EVM (*Practice Standard – Earned Value Management*) do PMI.
- As reuniões da equipe do projeto serão semanais e ocorrerão na parte da manhã das quartas-feiras. Caso a quarta-feira não seja um dia útil, a reunião será antecipada.
- O relatório mensal de acompanhamento será emitido até o terceiro dia útil do mês subseqüente.
- A cada três meses a equipe do projeto deverá verificar, para cada plano acessório ao plano de gerenciamento do projeto, quais ações foram planejadas e quais estão sendo postas em prática de maneira ineficiente, ou que não estão sendo feitas.

Segundo o PMBoK®, os processos do gerenciamento da qualidade são: Planejamento da Qualidade, Realizar a Garantia da Qualidade e Realizar o Controle da Qualidade.

- **Planejamento da Qualidade**
  - Busca garantir coerência, uniformidade e aderência das atividades de gerenciamento de projetos e dos documentos do projeto:
    1. aos padrões corporativos (caso existam);
    2. às boas práticas de engenharia;
    3. às boas práticas de gerenciamento de projetos;
    4. aos objetivos estratégicos da organização.
  - O principal produto deste processo é o *Plano de Gerenciamento da Qualidade*, que estabelece:
    1. os padrões de gerenciamento de projetos (corporativos e/ou de mercado) que são relevantes e aplicáveis e
    2. como atendê-los.

- **Realizar a Garantia da Qualidade**
  - Consiste na aplicação de auditorias da qualidade em busca das práticas que estejam funcionando a contento ou acima das expectativas, com o objetivo de reforçar a utilização delas.
  - Além disso, as práticas recomendadas que apresentarem desempenho inferior ao esperado serão avaliadas quanto à sua aplicabilidade e praticidade.
  - As auditorias que poderão ser utilizadas são:
    1. grupos de revisão, em que as equipes de cada uma das disciplinas técnicas do projeto se reúne com outros *experts* do assunto em busca de oportunidades de melhoria;
    2. auditorias internas das equipes de gerenciamento. Por exemplo:
       - Todas as reuniões da equipe constam do cronograma do projeto?
       - Todos os relatórios de desempenho foram emitidos na data planejada?
    3. auditorias da própria organização. Por exemplo:
       - O projeto XPTO está entregando a "papelada" que nós, a sede da empresa, exigimos, todo começo de mês e com o conteúdo necessário?
    4. auditorias externas à organização:
       - A empresa de consultoria XPTO é contratada para auditar o projeto.

- **Realizar o Controle da Qualidade**
  - Monitorar os resultados das auditorias do projeto a fim de determinar se eles estão de acordo com os padrões aplicáveis.
  - Os resultados são na maioria das vezes recomendações, ações corretivas e/ou preventivas, com prazo negociado para implementação e um responsável definido.

Boas Práticas no Gerenciamento da Qualidade

1. O patrocinador do projeto deve prover todo o apoio necessário para que as demandas da gestão da qualidade sejam atendidas.
2. É essencial que as ações de qualidade sejam capazes de produzir produtos tangíveis e acessíveis, e, além disso, que sejam instru-

mento corriqueiro de trabalho, e não apenas algo bonito para se colocar na parede da sala de reuniões e tentar impressionar os visitantes.

3. Estabelecer diretrizes estratégicas por meio do "Plano de Gerenciamento da Qualidade".

4. Não ser excessivamente desafiador. Vitórias pequenas e freqüentes fazem muito bem para o moral da equipe.

5. Encarar as auditorias como o aspecto tático do gerenciamento da qualidade, exigindo que sejam sempre para o lado do bem.

6. Agir no fator humano para que a equipe "compre o peixe", pois sem uma equipe motivada estratégia e tática não funcionam.

Crie uma lista de verificação com um semáforo com as cores verde, amarela e vermelha para auxiliar no acompanhamento de desvios, conforme exemplo a seguir.

Exemplo de lista de verificação com semáforo:

Auditoria Interna - Projeto XPTO   15/10/2006

=> Atividade ou documento com desvio do Plano
=> Atividade ou documento com "potencial" desvio do Plano
=> Atividade ou documento sem desvio aparente.

1	Plano de Execução do Projeto	Situação	Ação Corretiva
1.1	**Integração**	Sem desvios mapeados	
1.1.1	Termo de Abertura do Projeto		
1.1.2	Lições Aprendidas		
1.2	**Escopo**	1. EAP e DE não-atualizados	Fulano - Atualizar documentos em até 30 dias
1.2.1	Plano de Gerenciamento de Escopo		
1.2.2	EAP		
1.2.3	Declaração de Escopo Atualizada		
1.3	**Tempo**	**1. Cronograma Desatualizado**	1. Sicrano - Atualizar cronograma em 10 dias,
1.3.1	**Plano de Gerenciamento de Tempo**	**2. Controle de folga total não está sendo feito.**	2. Beltrano - atualizar folga total em até 12 dias.
1.3.2	Cronograma de Implantação do Projeto		

1. A lista acima deve ser completada com outras áreas de conhecimento.
2. A situação de cada documento deve ser sinalizada conforme legenda de cores.
3. O subitem 1.1 – Integração recebeu a cor verde pois todos seus subitens estão verdes.
4. O subitem 1.2 – Escopo recebeu a cor amarela pois os subitens 1.2.2 e 1.2.3 estão amarelos.
5. O subitem 1.3 recebeu a cor vermelha pois o aviso de maior intensidade é o vermelho do item 1.3.1.
6. O item 1 – Plano de Execução do Projeto recebeu a cor vermelha pois o subitem 1.3 está vermelho.

2.8 GERENCIAMENTO DOS RISCOS

Essa área do conhecimento em gerenciamento de projetos é tida por muitos autores como a fronteira divisória entre o gerenciamento de projetos tradicional e o moderno.

Pelo fato de a postura preconizada pelo PMI sugerir ações sistemáticas de gestão, em que as equipes agem antes da ocorrência dos riscos, pode-se aumentar de forma significativa a probabilidade de sucesso do projeto.

60   Capítulo Dois

O PMBoK® define Riscos como sendo eventos futuros e de ocorrência incerta e que, se ocorrerem, podem trazer impactos positivos ou negativos aos objetivos do projeto. O conjunto dos riscos de um projeto, identificados e analisados, é chamado de registro de riscos.

Se uma nova tecnologia é disponibilizada, caso o projeto anteveja essa possibilidade e tenha se preparado para fazer uso dela, custos e prazos podem ser reduzidos. Esse é um exemplo de impacto positivo de riscos.

Agir antes da ocorrência dos riscos significa tomar alguns cuidados e seguir boas práticas, a saber:

1. Ter em mãos os objetivos e as metas do projeto.
2. Ter em mãos todo o planejamento existente. Pelo menos é desejável o que se segue:
   a. termo de abertura do projeto ou equivalente;
   b. declaração de escopo (veja seção Gerenciamento do Escopo);
   c. estrutura analítica do projeto (veja seção Gerenciamento do Escopo);
   d. dicionário da estrutura analítica ou memorial descritivo dos entregáveis do projeto (veja seção Gerenciamento do Escopo);
   e. cronograma (veja seção Gerenciamento do Tempo);
   f. orçamento (veja seção Gerenciamento dos Custos);
   g. equipe do projeto (veja seção Gerenciamento dos Recursos Humanos).
3. Planejar como os riscos serão gerenciados.
4. Identificar os riscos.
5. Analisar os riscos identificados.
6. Planejar como responder aos riscos analisados e aos riscos não-identificados.
7. Monitorar e controlar os riscos.

Podemos chamar essa lista de lista mínima de requisitos para o gerenciamento de riscos, e cada item tem um motivo para ter sido citado. Dependendo do porte do projeto, do nível de maturidade da equipe e da empresa, e ainda da relevância do projeto, essa lista pode crescer significativamente. A prática tem mostrado que os sete itens apontados são freqüentemente os essenciais. A seguir detalha-se um pouco cada um deles.

1. Ter em mãos os objetivos e as metas do projeto

A ausência dessa informação dificulta qualquer ação de planejamento do projeto. Os desvios podem começar a ocorrer, e a equipe não vai notá-los. Ao serem notados, muito tempo já se terá passado, e o retrabalho será inevitável. Na maioria dos lugares não existe o documento "Termo de abertura do projeto". Onde ele não existe, recomenda-se que se procure por um memorial descritivo do projeto ou qualquer outro documento que tenha como meta orientar e direcionar o trabalho do projeto. Um dito popular diz que "para quem não sabe aonde quer ir, qualquer lugar serve". Evitar armadilhas e aprender com os erros dos outros, pois sai muito mais barato. Se os objetivos e as metas do projeto não estão descritos formalmente em nenhum documento, é essencial obtê-los junto ao patrocinador do projeto. O maior risco oriundo da falta de objetivos claros e metas definidas é um projeto cancelado ou fracassado.

Alguns exemplos de objetivos e metas:

- Construir a minha casa própria sem fazer modificações no projeto atual, gastar no máximo 14 meses depois de iniciadas as fundações e não gastar mais do que R$170.000.
- Projetar, codificar, testar e implementar o *website* de venda de produtos orgânicos na região da Grande São Paulo, atendendo ao planejamento estratégico da empresa, e dentro do orçamento, prazo e requisitos de desempenho estabelecidos.

Caso seja necessário um maior nível de detalhes, a seção 2.1, Gerenciamento da Integração, provê mais informações.

2. Ter em mãos todo o planejamento existente. Pelo menos é desejável o que se segue:

a. *termo de abertura do projeto ou equivalente*: esse documento é a certidão de nascimento do projeto, estabelece suas metas, seus objetivos, nomeia o gerente ou coordenador do projeto, estabelece limites de autoridade e apresenta as expectativas do patrocinador (por exemplo: de prazo, custos, escopo e qualidade) do projeto. Não é prudente se iniciar um projeto sem tais informações. Os riscos oriundos da ausência de um termo de abertura de projeto são semelhantes aos descritos no item 1 anteriormente.

b. *declaração de escopo*: a declaração do escopo assemelha-se a uma lista de compras. É por intermédio dela que se sabe quais são os entregáveis do projeto e qual vai ser o trabalho que a equipe do projeto terá para entregá-los. Daí ser um dos documentos essenciais. A ausência de uma declaração de escopo gera freqüentemente a produção de entregáveis inservíveis ou com problemas de utilização. Esses são os impactos mais freqüentes da falta de uma declaração de escopo.

c. *estrutura analítica do projeto*: é uma das principais ferramentas de planejamento do escopo. Recomenda-se que não se abra mão dela, pois ajuda a visualizar não só o escopo (abrangência) do produto do projeto mas também o escopo do projeto em si. Sua ausência pode causar aumento ou diminuição dos entregáveis. Essa variação costuma se caracterizar como um problema real na maioria dos projetos.

d. *dicionário da estrutura analítica ou memorial descritivo dos entregáveis do projeto*: o dicionário da EAP traz consigo definições essenciais como: descrição de cada pacote de trabalho, critérios de aceitação, nome(s) do(s) responsável(is) pelo entregável, expectativas de custo, prazo e qualidade. Em certos aspectos, equivale a um memorial descritivo do projeto. Sua ausência poderá gerar retrabalhos.

e. *cronograma*: são muitos os projetos que se iniciam sem um cronograma. Ele é essencial, pois, se for bem-feito, mostrará numa escala temporal: a lista de atividades do projeto, as datas planejadas de início e término de cada atividade, a relação de dependência entre as atividades e expectativas de prazo do projeto e a duração planejada de cada atividade. Uma vez iniciados, os projetos que não o possuem precisam desenvolvê-lo com urgência. Os riscos que impactam no objetivo de prazo se multiplicarão caso não exista um cronograma.

f. *orçamento*: são raros os projetos que não possuem uma forte restrição orçamentária. Nas empresas em que o planejamento e controle dos custos são considerados atividades secundárias, deve-se avaliar friamente a real necessidade de se tentar mudar algo que já está estabelecido. É altamente recomendável verificar antes se eles não são feitos ou porque não interessam ou porque falta *know-how*. Deve-se sempre agir de forma ética. Caso o planejamento e o controle de custos sejam feitos, devem servir para verificar se ocorrem desvios. Só vale a pena controlar algo se for para buscar desvios e para planejar ações corretivas quando eles forem descobertos.

g. *equipe do projeto*: é o coração do projeto. Sem a equipe, não existe como executar o trabalho gerencial, que em suma se trata do escopo do projeto. Reuniões, relatórios, medições, acompanhamentos, testes, inspeções, fiscalização, compras, negociação de prioridades, todas essas atividades demandam pessoas. Iniciar o projeto sem a equipe designada o expõe a um risco de gestão. Em projetos de menor porte, com equipes de gerenciamento reduzidas ou com apenas uma ou duas pessoas, o foco deve ser a objetividade. Tentar fazer mais do que o possível exporá o projeto a riscos de prazo, custos e qualidade. Focar no planejamento e acompanhamento de prazo, escopo e custo é essencial.

3. Planejar como os riscos serão gerenciados

Uma vez que a equipe do projeto consiga reunir a documentação sugerida anteriormente, um grande passo terá sido dado rumo a uma gestão de riscos mais eficiente.

O passo seguinte é estabelecer as regras do jogo, com a emissão – quando possível – de um plano de gerenciamento de riscos. Fatores como tamanho da equipe, nível de conhecimento ou desconhecimento do tipo de projeto, nível de maturidade da equipe em relação à gestão de riscos e à gestão de projetos propriamente dita, relevância do projeto, número de interfaces, pressões internas e externas, nível de inovação tecnológica ou, ainda, fatores externos como mercado ou preços lastreados em moeda externa são fontes de riscos. Quando as equipes desenvolvem maiores níveis de maturidade em gestão de riscos, recomenda-se que os riscos sejam classificados (categorizados) por esses fatores, que constituem a EAR – Estrutura Analítica de Riscos.

A prudência sugere que as pessoas só se comprometam com o que são capazes de cumprir. No ambiente de projetos essa regra não deve ser diferente, porém o estabelecimento – por parte dos níveis hierárquicos superiores – de desafios em que determinados limites sejam forçados de "maneira controlada" pode fazer muito bem para o moral da equipe.

Ainda como planejamento do gerenciamento dos riscos, nesse momento deve-se estabelecer como os passos seguintes serão dados. São eles: identificação de riscos, análise, planejamento de respostas e monitoração e controle.

- *Identificação de riscos*: sugere-se determinar quais atributos dos riscos identificados devem ser preenchidos, seja no processo inicial de identificação, seja em análises posteriores. Recomenda-se que durante a identificação dos riscos eles não sejam analisados. A lista a seguir é um bom ponto de partida:

– Nome do risco

– Descrição do risco

– Causas (trata-se de um dos atributos de suma importância)

– Probabilidade de ocorrência (seguindo a tabela de probabilidades)

– Descrição dos impactos (deve-se descrever o que acontece quando o risco ocorre)

– Estimativa de impacto (seguindo a tabela de impactos, pode impactar mais do que uma área)

– Gatilho ou alarme (evento que sinaliza que um risco está por ocorrer ou começou a ocorrer)

– Nome do responsável pelo risco

– Riscos residuais e secundários

– Urgência

– Natureza estratégica

– Estratégias de resposta

– Ações de resposta e os responsáveis por empreendê-las.

- *Análise de riscos*: o objetivo de analisar os riscos é obter uma forma de diferenciar aqueles de maior grau dos de menor grau. O grau do risco é obtido pela multiplicação da probabilidade de sua ocorrência pelo impacto que produzirá.

$$R = P \times I$$

Para ambas as dimensões pode-se atribuir um número que varia entre 0 (zero exclusive) e 1 (um exclusive).

Para a probabilidade de ocorrência, podemos ter como exemplo a tabela a seguir.

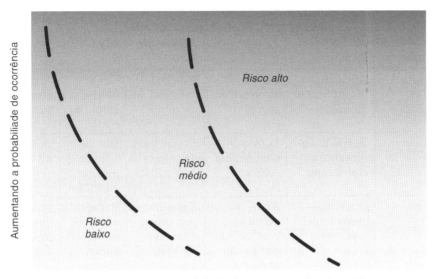

FIGURA 2.16 Combinações de probabilidade *versus* impacto

TABELA 2.2

Probabilidade	Descrição
0,1	Muito provavelmente não ocorrerá
0,3	Provavelmente não ocorrerá
0,5	Provavelmente ocorrerá
0,7	Muito provavelmente ocorrerá
0,9	Certamente ocorrerá

Dessa forma, um risco que "certamente ocorrerá", e que se ocorrer causará um impacto nos custos "moderado", terá como grau: $R = P \times I$; $P = 0,9$ e $I = 0,2$. Assim, $P = 0,18$.

Essa é a chamada análise qualitativa, em que se parte de informações de natureza subjetiva (por exemplo: pouco provável, médio, moderado, muito alto), e, com o uso de tabelas auxiliares de probabilidade e impacto, se consegue determinar o grau do risco, de forma a poder ordená-los.

Após calcular o grau de riscos para todos os riscos identificados, a equipe deve ordená-los pelo grau, de forma descendente. De acordo com a Tabela 2.3, aqueles cujo grau é igual ou superior a 0,18 são considerados riscos altos; os que ficarem abaixo de 0,045 serão riscos baixos, e aqueles no intervalo são os riscos médios.

TABELA 2.3 Classificando impactos para um risco

Objetivo do projeto	Muito baixo 0,05	Baixo 0,1	Moderado 0,2	Alto 0,4	Muito alto 0,8
Custo	Aumento insignificante do custo	< 5% de aumento do custo	5–10% de aumento do custo	10–20% de aumento do custo	> 20% de aumento do custo
Cronograma	Desvio insignificante do cronograma	Desvio do cronograma < 5%	Desvio total do projeto de 5–10%	Desvio total do projeto 10–20%	Desvio total > 20%
Escopo	Diminuição quase imperceptível do escopo	Áreas de pouca importância do escopo são afetadas	Áreas importantes do escopo são afetadas	Redução do escopo aceitável para o cliente	Produto final do projeto inadequado
Qualidade	Degradação quase imperceptível da qualidade	Pequena redução da qualidade	Redução da qualidade requer aprovação do cliente	Redução da qualidade inaceitável para o cliente	Produto final do projeto inutilizável

Prioridade deve ser dada aos riscos altos, e apenas então os médios deverão ser tratados.

Pode ser que alguns dos riscos identificados possuam características de natureza estratégica. Estes, a despeito de seu grau, deverão ser analisados mais detalhadamente e monitorados muito de perto por seus responsáveis.

Um atributo adicional é a urgência. Se a iminência de ocorrência de um risco é imediata, este deve ser tratado com maior prioridade.

Probabilidade	Ameaças					Oportunidades				
90%	0,045	0,09	0,18	0,36	0,72	0,72	0,36	0,18	0,09	0,045
70%	0,035	0,07	0,14	0,28	0,56	0,56	0,28	0,14	0,07	0,035
50%	0,025	0,05	0,10	0,20	0,40	0,40	0,20	0,10	0,05	0,025
30%	0,015	0,03	0,06	0,12	0,24	0,24	0,12	0,06	0,03	0,015
10%	0,005	0,01	0,02	0,04	0,08	0,08	0,04	0,02	0,01	0,005
	0,05	0,1	0,2	0,4	0,8	0,8	0,4	0,2	0,1	0,05
	Impacto negativo em um objetivo					Impacto positivo em um objetivo				

Risco alto (oportunidade ou ameaça relevante)
Risco médio (oportunidade ou ameaça média)
Risco baixo (oportunidade ou ameaça pouco relevante)

FIGURA 2.17 Matriz probabilidade × impacto

Existe ainda a possibilidade de se realizar a chamada "Análise Quantitativa de Riscos", que é objeto da seção 3.2, do Capítulo 3.

- *Planejamento de respostas aos riscos*: nessa etapa, recomenda-se que se separem as ameaças das oportunidades.

Para as ameaças, existem quatro técnicas de respostas:

- Rejeitar o risco: usa-se essa técnica quando o impacto do risco em questão é simplesmente inaceitável e deve ser eliminado. Para tal, suas causas devem ser eliminadas e a forma mais eficiente de se fazer isso é mudar o plano do projeto.

- Transferir o risco: essa técnica não impede que os riscos ocorram. A idéia é transferir para terceiros a responsabilidade pelas respostas. A contratação de um seguro em que o projeto recebe um certo valor como compensação pela ocorrência de algum fato ou assinar um contrato por preço global em que o contratado se responsabiliza por dar todo o tratamento ao objeto do contrato são formas comuns e freqüentes de transferência.

- Mitigar o risco: a mitigação atua diretamente nas dimensões dos riscos, ou seja, a probabilidade e/ou o impacto. As metas são diminuir as chances de ocorrência dos riscos e, ainda, tentar que seus impactos sejam mais suportáveis. Por exemplo: se um dado fato ocorre, ele pode ocasionar um atraso de 12 meses. Ao se implementarem ações de resposta ao evento, obtém-se um atraso de quatro meses em vez de um atraso de um ano, o que é preferível. Ao se estabelecerem marcos de controle de uma atividade, o responsável por ela espera poder controlar melhor o seu desenvolvimento. Assim, se o progresso físico acumulado planejado ao fim de cada mês é 20%, 40%, 60%, 80% e 100% (taxa de progresso de 20% ao mês), se hipoteticamente ao final do terceiro mês o progresso acumulado atingir 50% em vez dos 60% planejados, ficará evidente que o projeto deixou de realizar 10% do total planejado, caracterizando um desvio. A equipe do projeto ainda teria dois meses para tentar trazer o desempenho para o nível planejado.

- Aceitar o risco: quando não se conseguiu a aplicação de nenhuma das técnicas anteriores, ou os impactos são desprezíveis, ou ainda a probabilidade de impactos é baixa, o melhor a fazer é aceitar os riscos e tratar deles quando e se vierem a ocorrer.

Para as oportunidades, existem também quatro técnicas de respostas:

- Explorar a oportunidade: nos pontos em que a empresa ou pessoa que empreende o projeto deseja garantir que a oportunidade se concretize, essa estratégia é a mais adequada, pois tenta eliminar toda e qualquer incerteza associada à não-ocorrência do risco, de forma que a oportunidade efetivamente ocorra. A exploração de forma direta das respostas inclui a designação de recursos mais capacitados para o projeto a fim de reduzir o tempo para término, ou ainda superar alguma outra expectativa, sem custos adicionais ou estouros dos prazos originalmente planejados.

- Compartilhar a oportunidade: envolve atribuir propriedade a terceiros que possam capturar melhor a oportunidade em benefício do projeto. A formação de parcerias, empresas de propósito específico ou *joint ventures* para compartilhamento das oportunidades são bons exemplos de compartilhamento.

- Melhorar a oportunidade: essa estratégia tem como objetivo o aumento da probabilidade e/ou dos impactos positivos. É o inverso da mitigação de ameaças. Pela melhoria da oportunidade, tenta-se identificar e maximizar os principais gatilhos desses riscos de impacto positivo, de forma a facilitar ou fortalecer a causa da oportunidade e direcionar e reforçar de forma proativa suas condições de acionamento para poder aumentar a probabilidade. Os acionadores (gatilhos) de impacto também podem ser direcionados, tentando aumentar a suscetibilidade do projeto à oportunidade.

- Aceitar a oportunidade: veja Técnicas de Respostas a Ameaças → Aceitar os Riscos.

- *Monitoração e controle*: podemos listar o ciclo de vida dos riscos da seguinte forma:
  - Risco identificado: é aquele que consta do Registro de Riscos.
  - Risco analisado: é aquele que já teve ao menos sua análise qualitativa feita.
  - Risco controlado: é aquele cujas estratégias e ações de respostas já foram definidas e aceitas.
  - Risco ativo: é aquele cujo gatilho ou alarme já foi deflagrado.

– Risco encerrado: pode ser o risco controlado que não ocorreu e não tem mais como ocorrer ou é o risco que já ocorreu e que não pode ocorrer novamente.

Pode-se dizer que o processo de monitoração e controle se inicia quando se tem ao menos um risco controlado. Nesse sentido, o responsável pelo risco necessita periodicamente verificar se os gatilhos identificados foram deflagrados. Em caso positivo, ele deve solicitar que as ações de respostas sejam empreendidas, e a eficácia das mesmas precisa ser avaliada. Em caso negativo, o risco precisa ser revisitado posteriormente. Esse processo precisa ser feito de forma sistemática, até que todos os riscos do projeto sejam encerrados.

Os riscos altos e médios seguirão seus planos de resposta, podendo ser monitorados numa base diária, semanal, quinzenal ou outra, conforme o caso.

Os riscos baixos serão apenas monitorados, pelo menos uma vez a cada dois meses, por exemplo.

Durante a monitoração e o controle, novos riscos podem ser identificados, e os processos aqui descritos devem ser repetidos. Enquanto um risco permanecer ativo, ele deve ser monitorado. Uma vez encerrado, encerra-se esse processo em relação a ele. A eficácia do planejamento de riscos deve ser avaliada nesse processo.

4. Identificar os riscos

A identificação de riscos precisa ser estimulada, pois quanto mais riscos forem identificados, maiores serão as chances de a equipe do projeto poder tratá-los da forma certa e no momento adequado. Os passos seguintes descrevem a maneira mais comum de identificar riscos.

- Projetos de maior porte
  1. Tratar o gerenciamento de riscos como um projeto e criar uma EAP para facilitar o planejamento.
  2. Criar uma agenda para o evento.
  3. Convocar as pessoas chaves da equipe do projeto para uma reunião de identificação de riscos.
  4. Enviar para os participantes confirmados toda a documentação de planejamento disponível, com pelo menos uma semana de antecedência.

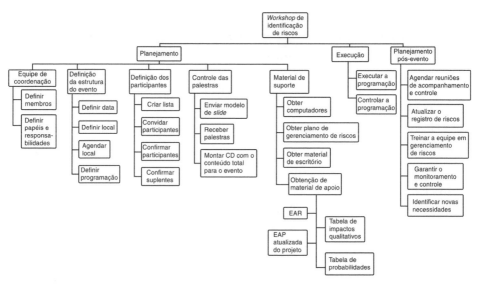

FIGURA 2.18

5. Selecionar previamente os líderes dos grupos temáticos que se formarão, e explicar a importância do papel deles durante a reunião de trabalho. Eles devem estimular a identificação e evitar que os riscos sejam analisados durante a etapa de identificação. Além disso, devem manter o foco do trabalho dos grupos no tipo de trabalho programado para o momento.
6. Na reunião de identificação, proceder a um nivelamento inicial sobre o projeto e sobre o motivo do evento.
7. Separar os grupos temáticos e iniciar a identificação dos riscos, por exemplo, com a técnica de *brainstorming*.
8. Seguir com a agenda do evento.
9. Seguir com o planejamento de riscos do projeto.

- Projetos de menor porte

Deve-se procurar seguir – dentro de eventuais limitações – os passos sugeridos anteriormente. O fato de o projeto ser de menor porte não dispensa a necessidade de gerenciar riscos.

5. Analisar os riscos identificados

Os riscos identificados devem ser analisados qualitativamente com base nas tabelas de impacto, probabilidade e na estrutura analítica de riscos preparados pela equipe. Os exemplos citados neste livro constituem um bom ponto de partida. A qualidade do passo seguinte (Planejamento de respostas) é fortemente impactada pela qualidade do registro dos riscos, ou seja, quanto melhor e mais detalhado for o registro, menos problemático será o planejamento de estratégias e ações de respostas.

Quando todos os riscos tiverem sido analisados, criar uma lista ordenada pelo grau do risco, conforme exemplo a seguir:

	Identificação	Grau
Altos	Risco 01	0,72
	Risco 02	0,36
	Risco 03	0,36
	Risco 04	0,20
Médios	Risco 05	0,14
	Risco 06	0,14
	Risco 07	0,10
	Risco 08	0,06
Baixos	Risco 09	0,04
	Risco 10	0,02
	Risco 11	0,01

6. Planejar como responder aos riscos analisados e aos riscos não-identificados

A maioria das estratégias de respostas foi explicada anteriormente. A aplicação prática se dá da seguinte forma. Por exemplo, caso se esteja construindo a casa própria, um risco seria:

- Nome do risco: Perda do controle financeiro da construção da casa.
- Descrição: A perda de controle financeiro pode gerar indisponibilidade de dinheiro para concluir a construção da casa.
- Causas possíveis:
  - falta de uma linha de base de custos;
  - falta de um orçamento confiável e detalhado;
  - falta de um método de controle eficiente;
  - falta de conhecimento sobre como controlar custos de um projeto;
  - indisciplina na aplicação de um método de controle;
  - desorganização do processo de compras;
  - desorganização da papelada do projeto;
  - orçamento não detalhado o suficiente para orientar a compra de materiais;

- orçamento não detalhado o suficiente para orientar a contratação de serviços.
- Probabilidade de ocorrência: 0,7 – alta – muito provavelmente ocorrerá.
- Descrição dos impactos: a falta de recursos financeiros poderá gerar:
  - interrupção da construção;
  - atraso na conclusão da casa;
  - aumento dos custos fixos por conta do atraso na conclusão;
  - aumento dos custos variáveis por falta de verba para concentrar as compras em poucos fornecedores para buscar economia de escala;
  - aumento do custo dos diversos materiais por conta de um eventual aquecimento de mercado;
  - aumento do custo total do projeto por conta do aumento dos custos fixos e variáveis;
  - brigas familiares;
  - diminuição do padrão de qualidade planejado por estar forçado a comprar materiais de qualidade abaixo da especificada para fazer frente à falta de recursos;
  - forçar a família a morar em uma casa inacabada.
- Estimativa de impacto:
  - nos custos: 0,8 – muito alto;
  - no cronograma: 0,8 – muito alto;
  - no escopo: 0,2 – moderado;
  - na qualidade: 0,4 – alto;
  - estimativa total: $0,8 + 0,8 + 0,2 + 0,4 = 2,20$.
- Gatilho ou alarme: Indicador CPI inferior a 0,92 (*Cost Performance Index* – veja no Capítulo 3, seção 3.1, O Gerenciamento pelo Valor Agregado – EVM).
- Nome do responsável pelo risco.
- Urgência: alta. As ações de respostas devem ser iniciadas dentro de no máximo duas semanas.
- Natureza estratégica: Sim.
- Estratégia de resposta: Mitigação.

- Ações de resposta:
  - Obter um orçamento detalhado;
  - Obter um cronograma físico detalhado;
  - Obter uma linha de base de custos;
  - Estudar o Gerenciamento pelo Valor Agregado;
  - Concentrar as compras em poucos fornecedores para obter economia de escala;
  - Comprar os materiais antecipadamente para evitar eventuais aumentos;
  - Não fazer mudanças;
  - Respeitar as especificações dos materiais orçados;
  - A cada relatório de acompanhamento, atualizar os custos do que falta ser feito e comparar com o saldo de dinheiro disponível.
- Responsável por empreender as compras.
- Prazo de implementação:
  - ações 1, 2, 3: em até 30 dias;
  - ação 4: em até 15 dias;
  - ações 5 e 6: em até 75 dias;
  - ações 7, 8 e 9: em até 15 dias.

7. Monitorar e controlar os riscos

Sem um monitoramento e controle eficientes, todo o trabalho empreendido até então tem alta probabilidade de ser perdido, pois o gerenciamento de riscos deve ser tratado como se fosse uma entidade viva e que necessita de atividades constantes para continuar vivendo. Um conjunto de boas práticas bastante úteis é:

- Os gerentes de cada área devem cobrar as ações de gestão de riscos.
- Os gerentes de cada área devem valorizar as ações de gestão de riscos, tanto quanto as ações de natureza técnica.
- Criar um calendário de reuniões de acompanhamento de riscos.
- Cada área deverá relatar semanalmente o status dos riscos controlados.
- A cada dois meses o planejamento de riscos do projeto deve ser revalidado.

- As equipes não devem esperar as reuniões para somente na véspera atualizar o registro dos riscos.
- As equipes devem ser estimuladas a ter disciplina para seguir o planejamento de riscos.

2.9 GERENCIAMENTO DAS AQUISIÇÕES

Todo projeto, necessariamente, precisará obter recursos para ser executado. Por recursos devemos entender pessoas, materiais e equipamentos, e esses não devem ser confundidos com recursos financeiros. O montante de dinheiro de que o projeto necessitará é tratado no Capítulo 2, na seção 2.3, Gerenciamento dos Custos.

O erro mais freqüente no trato das aquisições do projeto é o gerente/coordenador do projeto não envolver no momento adequado as pessoas que dominam o processo de aquisições como um todo e têm a capacidade de estimar custos e prazos realistas para o fornecimento dos itens que o projeto necessitará obter fora da organização executora.

O momento adequado é ainda nas fases iniciais do planejamento, e, ao envolvermos a área de aquisições, também buscamos o comprometimento dela com os objetivos do projeto.

O passo inicial é definir o que será obtido dentro e fora da organização executora. Aspectos como nível de ociosidade da equipe ou das instalações da empresa, nível de conhecimento e domínio sobre as tecnologias necessárias para produzir internamente os recursos e alinhamento estratégico desses fornecimentos com o negócio podem definir o que será feito ou comprado.

Na fase de planejamento, os recursos que forem definidos como a ser obtidos dentro da própria organização deverão fazer parte de uma lista específica, e, com base nela, a equipe do projeto fará uso de técnicas de comunicação, para que estejam disponíveis na quantidade e no momento adequado ao bom andamento do projeto.

Já os recursos que necessitarão ser comprados deverão também fazer parte de uma lista. Se alguns dos recursos necessários forem humanos, a seção 2.6 que trata dos Recursos Humanos deverá ser consultada. Já os equipamentos e materiais deverão ter ao menos os seguintes atributos definidos:

- Nome do recurso
- Descrição
- Unidade
- Quantidade necessária
- Recurso crítico?
- Fornecedor único?
- Tecnologia proprietária?
- Critérios de aceite do recurso
- Disponibilidade no mercado
- Prazo mínimo entre a entrega do pedido ao fornecedor e a chegada dos recursos
- Prazo mínimo entre a emissão da requisição interna do recurso e a entrega do pedido ao fornecedor
- Custo estimado
- Condições de pagamento
- Lista de possíveis fornecedores

> É essencial que os trabalhos de aquisições estejam explicitados na estrutura analítica do projeto e, por conseguinte, constem do seu cronograma.

Nas fases de execução e acompanhamento do projeto, a equipe deve seguir o cronograma e iniciar as atividades de aquisições conforme o planejamento integrado.

É recomendável que os itens considerados críticos constem de uma tabela de monitoração e controle, e que esta seja mostrada à equipe nas suas reuniões, de forma que todos possam emitir comentários e observações.

A Tabela 2.4 pode ser usada como modelo para a elaboração de uma que seja adequada às necessidades do seu projeto.

Há que se lembrar sempre que tudo o que for obtido fora da organização executora deve ter seu respectivo contrato elaborado por quem entende do assunto. Contratos redigidos erroneamente ou que fogem a eventuais padrões de mercado podem causar problemas para todos.

76 Capítulo Dois

Tabela 2.4 Modelo de acompanhamento de aquisições

Acompanhamento das Aquisições do Projeto < Nome do Projeto>										
Pedido		Ordem de compra		Item #	Descrição	Custo		Data de entrega		Observações
Número	Data	Número	Data			Orçado	Real	Programada	Realizada	

CAPÍTULO 3

Conceitos e Técnicas Avançadas

3.1 O GERENCIAMENTO PELO VALOR AGREGADO

Ao longo de 2003, participei da equipe do Project Management Institute que desenvolveu a norma PS-EVM (*Practice Standard – Earned Value Management*), e é nessa norma que esta seção se baseia.

Fato comum no Brasil e em vários outros países é que o Gerenciamento pelo Valor Agregado é para a maioria dos gerentes de projeto um mistério, não por ser desconhecido, mas por sua pouca utilização. A grande maioria das equipes o conhece, já o estudou ou ouviu falar a respeito, mas nunca o aplicou. Essa atitude significa que milhares de projetos estão renunciando de maneira voluntária a uma das mais poderosas ferramentas de controle, sem nunca ao menos ter tentado utilizá-la.

Como ferramenta, o EVM jamais substituirá o fator humano, nunca tomará decisões por nós e nem tampouco se constitui em um remédio milagroso para todos os problemas que os projetos enfrentam. As equipes que fazem uso do EVM jamais abrirão mão dele, pois se sentiriam como um barco sem bússola em meio ao oceano.

Por se tratar de uma ferramenta tão pouco utilizada, consideramos o Gerenciamento pelo Valor Agregado – EVM uma técnica avançada.

3.1.1 O que É o Gerenciamento pelo Valor Agregado

O EVM (*Earned Value Management*) foi criado em 1967 pelo Departamento de Defesa dos Estados Unidos da América, pela instrução *7000.2: Cost/Schedule Control Systems Criteria* (C/SCSC), mas foi muito pouco usado por diversos fatores, principalmente por se tratar de uma recomendação.

Em 1997, o mesmo Departamento de Defesa emitiu o documento *DoD Regulation 5000.2-R Earned Value Management Systems (EVMS) Criteria*, e tal regulamento determinava o uso do EVM de maneira sistemática. Desde então, o EVM teve intensificada sua utilização e pouco a pouco passou a ser utilizado na área civil.

É o chamado "gerenciamento com as luzes acesas", pois é por muitos considerado a melhor forma conhecida de integrar o gerenciamento de custos, cronograma e de escopo e aspectos de gerenciamento de riscos em um único lugar.

A Tabela 3.1 ilustra a abrangência da aplicação do EVM.

É uma forma de responder a perguntas cruciais como:

- Estamos à frente ou atrás do cronograma?
- Quão eficientemente usamos o nosso tempo?

TABELA 3.1 Abrangência da utilização do EVM *versus* as áreas de conhecimento do PMBoK

Áreas de conhecimento	Grupos de processos				
	Iniciação	Planejamento	Execução	Controle	Encerramento
Integração		X	X	X	
Escopo		X		X	
Tempo		X		X	
Custos		X		X	
Qualidade					
Recursos Humanos					
Comunicações		X	X	X	
Riscos		X		X	
Aquisições		X		X	

X	Um ou mais processos de GP em que o EVM é fundamentalmente aplicável
	Um ou mais processos de GP em que o EVM é de pouca significância
	Nenhum processo de GP mapeado aqui

- Quando provavelmente terminaremos o projeto?
- O quanto estamos acima ou abaixo do orçamento?
- Quão eficientemente usamos nossos recursos?
- Qual o custo do trabalho remanescente?
- Qual é o custo total provável do projeto?
- O quanto projetamos estar acima ou abaixo do orçamento ao final do projeto?

É também uma forma de gerenciar, pois ajuda:

- na localização dos problemas;
- a evitar que desvios potenciais se tornem fatos consumados;
- a identificar se os problemas são críticos ou não;
- a identificar o que vai ser necessário para trazer o projeto de volta aos "trilhos".

3.1.2 Aplicabilidade do EVM

Existe a falsa idéia de que o EVM só é aplicável a grandes projetos. Pensando nisso, a equipe do projeto desenvolveu uma abordagem que ajuda a desmistificar seu uso. Ela é baseada no conceito de rigor, que, para fins dessa norma, foi definido como possuidor de duas dimensões: granularidade e freqüência.

- *Granularidade*: Refere-se ao nível de detalhe em que o escopo do projeto é decomposto na EAP, e recomenda-se que o detalhamento seja proporcional à *relevância* do projeto.
- *Freqüência*: Quanto mais o projeto está exposto a riscos e *incertezas*, recomenda-se que mais freqüentes sejam os controles e monitorações, variando desde diários até mensais ou mais.

A Figura 3.1 ilustra o ajuste do detalhamento do escopo e da freqüência do controle ao rigor característico de cada projeto.

3.1.3 Os Elementos Básicos do EVM

O gerenciamento pelo valor agregado (EVM) é baseado em três pontos:

- Valor Planejado (PV – *Planned Value*): Representação numérica do orçamento do projeto em qualquer ponto do cronograma, repre-

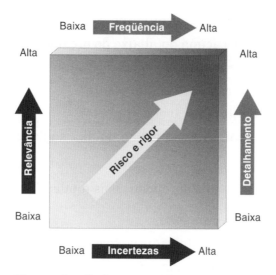

FIGURA 3.1 O rigor na utilização do EVM

sentando o montante de trabalho planejado a ser executado. O PV é freqüentemente desenhado representando o valor acumulado dos orçamentos das partes do projeto, gerando uma figura cujo nome genérico é "Curva S" do projeto (Figura 3.2), e que é a linha de base de medição de desempenho (PMB – *Performance Measurement Baseline*), contra a qual o desempenho do projeto é comparado.

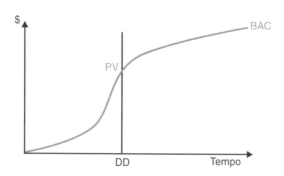

FIGURA 3.2 A linha de base do projeto – PV

- Valor Agregado (EV – *Earned Value*): Visão do progresso físico em um dado ponto do tempo, que representa o valor orçado originalmente pelo trabalho concluído até então. Sua representação genérica consta da Figura 3.3.

Conceitos e Técnicas Avançadas 81

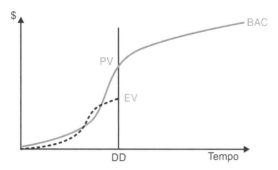

FIGURA 3.3 A linha do valor agregado – EV

- Custo Real (AC – *Actual Cost*): Indica o montante de recursos financeiros que foi gasto para produzir o trabalho realizado na mesma data para a qual foram calculados EV e PV; é representado graficamente conforme a Figura 3.4.

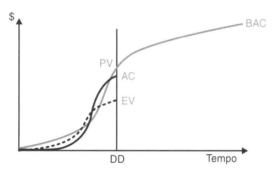

FIGURA 3.4 A linha do custo real – AC

3.1.4 Técnicas de Medição do EVM

Para se fazer bom uso do EVM, é necessário que se escolha, para cada atividade do projeto, a técnica de medição mais adequada à sua natureza. A Tabela 3.2 resume as cinco técnicas de medição existentes.

TABELA 3.2

Produto do trabalho	Duração do esforço do trabalho	
	1-2 períodos de medição	> 2 períodos de medição
Tangível	Fórmula fixa	Marco ponderado Percentual completado
Intangível	Esforço aprovisionado Nível de esforço	

1. Fórmula Fixa

Assim que uma atividade é iniciada, ela recebe um percentual de completamento, e o percentual necessário para completar os 100% somente é atribuído quando a atividade é concluída. Exemplos: 50/50, 25/75, 0/100, 20/80.

2. Marco Ponderado

Essa técnica divide o trabalho em segmentos, e o final de cada um deverá possuir um marco de controle. Cada marco atingido recebe um percentual que foi previamente definido e que representa o percentual acumulado de execução da atividade. Exemplo para um projeto de engenharia:

– Estudos preliminares concluídos: 10%

– Estudo de viabilidade aprovado: 20%

– Projeto básico entregue: 30%

– Estrutura finalizada: 50%

– Paredes finalizadas: 60%

– Pintura finalizada: 85%

– Louças e metais instalados: 95%

– Aceite do cliente: 100%.

3. Percentual Completado

Essa técnica pode ser de simples utilização quando se possui um indicador (ou métrica) tangível para auxiliar a medição do progresso físico da atividade, ou de uso subjetivo quando tal indicador não está disponível. Exemplos:

– Se temos 2500 m^2 de pintura concluída de um total de 4000 m^2, o percentual acumulado é 62,5%, pois área é um indicador objetivo.

– Se as especificações técnicas de um imóvel estão com 80% de realização, o que se tem a fazer é confiar na estimativa do especialista, pois a avaliação do progresso físico da elaboração de um documento costuma ser subjetiva.

4. Esforço Aprovisionado

Se uma atividade existe em função de dar suporte a outra, ela poderá ter seu valor agregado calculado a partir do valor agregado da atividade a que ela dá suporte. Por exemplo:

– Se as atividades de teste de software foram orçadas (aprovisiona-das) em 5% do valor da codificação do software, o valor agregado acumulado das atividades de teste será 5% do valor orçado da codificação feita e testada até então.

5. Nível de Esforço

Algumas atividades não produzem resultados tangíveis que possam ser medidos de forma objetiva. Como exemplos temos as atividades de gerenciamento de projetos ou a operação de uma livraria técnica que contém todos os documentos produzidos e manuais de operação de máquinas e equipamentos necessários ao projeto. Tais ativida-des consomem recursos e, dessa forma, devem ter seus respectivos valores agregados calculados e controlados. Como essas atividades são realizadas por pessoas, o custo desse *overhead* periódico precisa ser considerado dentro de cada período de medição. Por exemplo:

– Se o custo fixo mensal de gerenciamento de projetos for R$85.000 e o projeto está planejado para durar 12 meses, o valor total des-sa atividade (seu BAC) é $12 \times$ R$85.000 = R$1.020.000. Assim, a cada mês o projeto agregará 1/12 avos do total por até 12 meses. Se acaso o projeto atrasar 4 meses, o valor agregado dos meses excedentes será 0 (zero), e o indicador de custo acumulado AC receberá R$85.000 para cada mês de atraso.

3.1.5 Análises de Desempenho pelo EVM e Projeções

Além dos elementos citados anteriormente, o gerenciamento pelo valor agregado (EVM) possui outros elementos de vital importância, a saber:

- Orçamento Total (BAC – *Budget At Completion*): É o ponto final da linha de base do projeto (PMB) e indica o total de recursos financei-ros orçado originalmente pelo projeto. Pode ser visto na Figura 3.2.
- Variações: São indicadores calculados a partir dos três elementos básicos do EVM e servem para avaliar o desempenho do projeto. As variações podem ser de prazo e de custo.
  - Variação de Prazo (SV – *Schedule Variance*): é a diferença entre o Valor Agregado – EV e o Valor Planejado – PV.

$$SV = EV - PV$$

Uma variação negativa indica que o projeto está produzindo menos do que o planejado até a data da medição, estando dessa forma com atraso. O SV deve ser igual ou maior que zero para indicar que o prazo do projeto está adiantado ou dentro do cronograma.

– Variação de Custo (CV – *Cost Variance*): é a diferença entre o Valor Agregado – EV e o Custo Real – AC.

$$CV = EV - AC$$

Uma variação negativa desse indicador denota que o projeto está gastando mais dinheiro do que o orçado pelo trabalho produzido até então. O CV deve ser igual ou maior que zero para indicar que os gastos estão dentro ou abaixo do planejado.

· Índices de Desempenho: São indicadores calculados também a partir dos três elementos básicos do EVM e também servem para avaliar o desempenho de prazo e custos.

– Índice de Desempenho de Prazo (SPI – *Schedule Performance Index*): é a proporção entre o Valor Agregado – EV e o Valor Planejado – PV.

$$SPI = EV / PV$$

Um índice de desempenho de cronograma inferior a 1 indica que o projeto está sendo executado em um ritmo inferior ao planejado até a data da medição, estando dessa forma com atraso. Isso não implica que o projeto atrasará, mas serve como alerta antecipado para essa possibilidade, permitindo que a equipe do projeto planeje ações corretivas para trazer o projeto "de volta aos trilhos". Um SPI = 0,8 significa que para cada 100 dias de projeto o progresso foi equivalente a 80 dias. O desejável é um SPI igual ou maior do que 1.

– Índice de Desempenho de Custo (CPI – *Cost Performance Index*): é a proporção entre o Valor Agregado – EV e o Custo Real – AC.

$$CPI = EV / AC$$

Um índice de desempenho de custos inferior a 1 indica que o projeto está gastando mais do que o planejado até a data da medição, estando dessa forma com estouro orçamentário. Um CPI de 0,8 indica que cada unidade monetária planejada está comprando apenas 80 centavos, o que caracteriza uma perda de 20%. O desejável é um CPI igual ou maior do que 1. A única forma de fazer com que o projeto não estoure os custos de forma definitiva é conseguir que cada unidade monetária consiga comprar mais do que o planejado.

- Estimativas ou Projeções: As estimativas e projeções são o coroamento de todo o esforço implementado pela equipe do projeto até então. Com base nos valores obtidos para os diversos indicadores descritos anteriormente, torna-se possível projetar o valor final do projeto e o prazo restante até seu término com muito boa margem de segurança, conforme ilustrado na Figura 3.5 adiante.

  – Custos: durante a fase de planejamento, o orçamento total do projeto foi estimado e é representado pelo valor do indicador BAC. Quando o projeto começa a ser executado, os gastos feitos são acumulados no indicador AC. Mas o projeto ainda não foi concluído, e a equipe precisa estimar quanto em termos de recursos financeiros ainda falta ser gasto. Esse valor, chamado de "Estimativa para Completar", ou ETC (*Estimate To Complete*), ao ser somado com o AC, vai produzir o indicador "Estimativa ao Término", ou EAC (*Estimate at Completion*). Se compararmos os valores de EAC e BAC, poderemos ter variação, ou eles podem ser iguais. Algumas fórmulas possíveis para calcular EAC são:

$$EAC = AC + ETC$$
$$EAC = AC + [(BAC - EV) / CPI]$$
$$EAC = BAC / CPI$$

- se EAC = BAC, então o projeto está cumprindo sua meta de gastos;
- se EAC < BAC o projeto está economizando;
- se EAC > BAC o projeto está com projeção de estouro de custos.

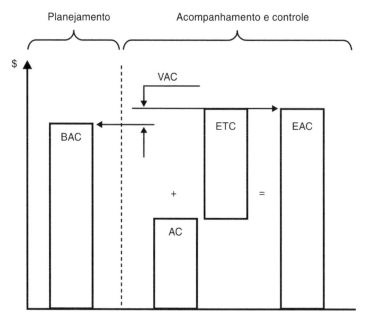

FIGURA 3.5 Custo orçado *versus* projeção de custo ao término baseada no EVM

— ETC: o indicador ETC, *Estimate To Complete*, pode ser calculado de várias formas. Ele representa o valor orçado dos trabalhos que faltam ser executados no projeto. Ao ser calculado, deve-se levar em consideração a natureza das atividades que faltam ser executadas no projeto. Se a natureza das atividades faltantes tem pouca ou nenhuma similaridade com a das atividades anteriores, os motivos que possam até então ter gerado desvios muito provavelmente não gerarão novos desvios. Dessa forma, aconselha-se a avaliação criteriosa da natureza das atividades faltantes para a realização das suas estimativas de custos. A fórmula EAC = BAC/CPI é a mais simples e deve ser utilizada com critério.

3.1.6 Roteiro de Uso das Práticas Essenciais de EVM

O EVM é muito sensível à qualidade do gerenciamento do escopo do projeto. Dessa forma, a norma recomenda essencialmente o que se segue:

---
1. **Estabeleça uma linha de base.**
2. **Meça e analise o desempenho contra a linha de base.**

O item 1 pode ser detalhado da seguinte forma:

1.1 Decomponha o escopo do trabalho em um nível gerenciável: escopo, cronograma e recursos devem ser gerenciados de forma integrada, e essa integração deve ocorrer no nível de atividade/tarefa que é executada. Cada tarefa é uma conta de controle.

1.2 Atribua responsabilidade gerencial não-ambígua para cada pacote de trabalho: todo o trabalho do projeto precisa ser gerenciado, e sua execução deve ser planejada e controlada. A existência de mais de um responsável para uma mesma conta de controle é fator que potencializa a ocorrência de problemas de gestão.

1.3 Desenvolva um orçamento base de tempo (semanal, quinzenal, mensal etc.) para todas as atividades.

1.4 Selecione a técnica de medição do valor agregado para todas as atividades.

1.5 Mantenha a integridade da linha de base. Basicamente, existem dois motivos para que a linha de base seja refeita: a. houve mudança de escopo e possivelmente custos e prazos mudaram. Isso tem que ser refletido para permitir um acompanhamento realístico; b. um desempenho fraco até então pode se desdobrar em uma linha de base inservível. Apenas isso em si já justifica uma nova linha de base.

O item 2 pode ser detalhado da seguinte forma:

2.1 Registre o consumo de recursos durante a execução do projeto, na mesma freqüência em que as medições são feitas, e mantenha os registros de forma a possibilitar o acompanhamento cumulativo. Isso é essencial para que se possa visualizar a evolução dos gastos no nível em que os controles estão sendo feitos. Quanto mais detalhado o controle, melhor a capacidade da equipe do projeto de antecipar problemas.

2.2 Registre o progresso físico das atividades de forma objetiva. Mesmo um controle sujeito a uma certa subjetividade é preferível a nenhum controle.

2.3 Com base na técnica de medição do valor agregado selecionada para o nível de controle que está sendo feito, determine o valor agregado no nível de controle.

2.4 Faça a análise do desempenho de custos e prazo (CPI e SPI), e em seguida faça as projeções ao término (ETC, EAC, VAC).

2.5 Mapeie os desvios e compreenda suas causas. Se eles existirem, com base nas causas identificadas, faça o planejamento das ações corretivas, com o objetivo de trazer o projeto de volta para a linha de base.

A Figura 3.6 representa o status do projeto XPTO no mês de junho de 2006. Nota-se que houve uma mudança da linha de base onde o projeto foi atrasado e o custo final foi replanejado para US$27MM (novo BAC). A linha de custos (AC – US$14,5MM) está abaixo da linha de valor agregado (EV – US$16MM), que por sua vez está abaixo da nova linha de base (PV – US$24MM).

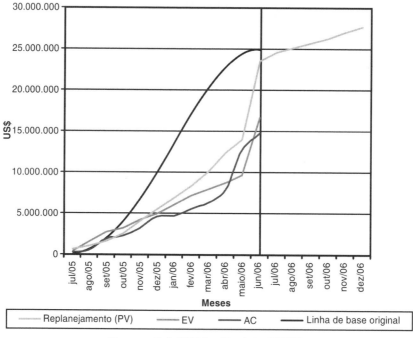

FIGURA 3.6 EVM – Projeto XPTO

Os indicadores do EVM mostram:

CPI = (EV/AC) = 16/14,5 = 1,10 (cada dólar pode comprar 1,10 dólar) => o projeto está abaixo do custo planejado.

SPI = (EV/PV) = 16/24 = 0,66 (o projeto anda a 66% do ritmo planejado).

3.2 ANÁLISE QUANTITATIVA DE RISCOS

Qual equipe de projeto não gostaria de saber com antecipação e boa margem de precisão as atividades que representam as principais ameaças aos objetivos do projeto? E em relação às oportunidades?

Para tal, foi desenvolvida uma técnica em que se analisa o impacto nos objetivos do projeto da ação conjunta de todos os riscos identificados, representando de forma numérica o resultado global dos impactos individuais. Essa técnica é chamada de Análise Quantitativa de Riscos de custos e prazos.

O ponto de partida é o conjunto de informações correntes disponíveis, e requer que se representem de forma precisa os objetivos do projeto. Para o objetivo prazo, o ponto de partida é um cronograma com um bom nível de detalhe, representando as atividades que precisam ser executadas para que se conclua o projeto. Para o objetivo custo, o ponto de partida é uma planilha de orçamento contendo os custos associados às atividades representadas no cronograma.

Como os riscos essencialmente residem nas atividades do projeto, deve-se fazer uma análise detalhada e isolada de cada atividade representada e criar modelos de simulação que representem de forma eficiente as possibilidades de ocorrência de tais eventos (riscos) por meio do uso de técnicas de modelagem que serão explicadas mais à frente.

Ao término dessa fase de coleta de informações sobre as atividades e a criação dos modelos de simulação, o passo seguinte é fazer uso de um método quantitativo que incorpore todos os riscos simultaneamente. A técnica mais utilizada é a Simulação de Monte Carlo, criada nos anos 1950 por jogadores nos cassinos de Monte Carlo, de forma a aumentar significativamente as probabilidades de ganhos. Logicamente, tal técnica foi proibida nos cassinos, mas deixou seu legado e até hoje é utilizada, inclusive no gerenciamento de projetos. Em resumo, a simulação computacional de Monte Carlo "executa" o projeto centenas ou milhares de vezes, e o aplicativo que faz as simulações vai coletando a cada rodada (ou iteração) os parâmetros que desejamos monitorar, como por exemplo a data de término de uma atividade, a data de um marco ou o valor total do projeto.

> **O produto final da aplicação das simulações de Monte Carlo é diretamente afetado pela qualidade do modelo e pela precisão e neutralidade dos dados nele inseridos.**

As saídas produzidas mais freqüentes são a probabilidade de se atingir:

- o custo orçado do projeto;
- o prazo estimado do projeto;
- um dado valor de Taxa Interna de Retorno;
- uma dada meta de Valor Presente Líquido.

Outra possibilidade é saber quais partes do projeto possuem a maior probabilidade de afetar os objetivos de prazo e custo do projeto.

Com base nessas informações, pode-se determinar quanta contingência, seja de prazo, custo ou recursos, é necessária para elevar a probabilidade de se atingirem as metas para níveis mais confortáveis.

Alguns fatores críticos para o sucesso são:

- Existência de um registro de riscos (lista ou base de dados de riscos) do projeto;
- Existência de uma boa análise qualitativa;
- Disponibilidade de modelo(s) apropriado(s);
- Comprometimento por todos da equipe em gerar/coletar dados de alta qualidade;
- Dados neutros;
- Suporte gerencial.

Os principais recursos para a criação de modelos para simulação de **prazos** são:

▪ Ramificação Condicional

Por meio dela criam-se caminhos alternativos no cronograma baseados em um teste feito a cada iteração, conforme ilustrado a seguir. Tais recursos não são representáveis em diagramas do tipo "atividade na seta" ou "atividade no nó".

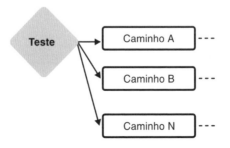

Por exemplo: Se a data obtida for menor que a "data X", siga o caminho A; se a data obtida for igual à "data X", siga o caminho B; caso contrário, siga o caminho N.

■ Ramificação Probabilística

Por meio dela criam-se caminhos que serão percorridos pelo software de simulação, e que obedecerão ao percentual estipulado para cada ramo. No exemplo a seguir, para cada 1000 iterações, o caminho B será percorrido 700 vezes e o caminho C, 300 vezes. O número de ramos varia de acordo com a quantidade necessária que se queira representar (modelar) e com a disponibilidade de informações disponíveis sobre a probabilidade de ocorrência de cada ramo ou caminho.

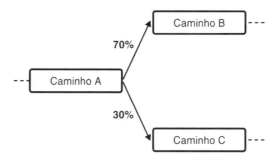

Os principais recursos para criação de modelos para simulação de **prazos** e **custos** são:

■ Correlação Direta

Sejam X e Y duas atividades com correlação direta. Em cada interação:

- se X assume um valor alto, Y também assumirá um valor alto;
- se X assume um valor baixo, Y também assumirá um valor baixo.

A proporção de correlação é estabelecida por um ou mais parâmetros adicionais, que variam de software para software.

Por exemplo: Se X for a duração do período de chuvas, quanto maior for X, maior será o prazo necessário Y para fazer as obras de terraplanagem. E se X diminuir, Y também diminuirá.

■ Correlação Inversa

Sejam X e Y duas atividades com correlação inversa. Em cada interação:

- se X assume um valor alto, Y assumirá um valor baixo;
- se X assume um valor baixo, Y assumirá um valor alto.

A proporção de correlação é estabelecida da mesma forma que a explicada na correlação direta.

Por exemplo: Se X for a quantidade de equipamentos, quanto maior for X, menor será o prazo necessário Y para fazer as obras de terraplanagem.

■ Estimativa de três pontos

É a determinação de três estimativas de custo e/ou duração, a saber:

- Mais provável: é o valor que a equipe ou o entrevistado considera ser o mais provável de ser obtido, com base em experiência própria ou em dados históricos.
- Otimista: é o valor para prazo ou custo que se baseia em um cenário de melhor caso (menor custo ou prazo).
- Pessimista: é o valor para prazo ou custo que se baseia em um cenário de pior caso (maior custo ou prazo).

A técnica de coleta das estimativas de três pontos pode variar desde o envio de um simples formulário para ser preenchido por uma pessoa ou grupo até a realização de oficinas de trabalho (*workshops*) ou entrevistas individuais ou de pequenos grupos. A experiência tem mostrado que as entrevistas individuais ou de pequenos grupos permite que os limites extremos otimista e pessimista sejam mais facilmente obtidos, pois em grupos maiores ou nas oficinas de trabalho os resultados tendem a ser muito "triangulares", denotando que, a partir do valor mais provável, adota-se um percentual para mais ou para menos quase fixo, por exemplo: R$150.000 +/– 10%, que na maioria das vezes não representa de forma fidedigna a possível faixa de variação.

■ **Exemplos das Principais Saídas**

Summary Statistics			
Statistic	Value	%tile	Value
Minimum	8-dez-09	5%	3-fev-10
Maximum	4-nov-10	10%	16-fev-10
Mean	23-abr-10	15%	27-fev-10
Std Dev	54,01792083	20%	8-mar-10
Variance	2917,935771	25%	16-mar-10
Skewness	0,512190625	30%	23-mar-10
Kurtosis	3,266601147	35%	29-mar-10
Median	20-abr-10	40%	5-abr-10
Mode	8-jan-10	45%	12-abr-10
Left X	3-fev-10	50%	20-abr-10
Left P	5%	55%	26-abr-10
Right X	2-ago-10	60%	3-mai-10
Right P	95%	65%	10-mai-10
Diff X	180,5195313	70%	16-mai-10
Diff P	90%	75%	26-mai-10
#Errors	0	80%	5-jun-10
Filter Min		85%	18-jun-10
Filter Max		90%	2-jul-10
#Filtered	0	95%	2-ago-10

Com base nessa tabela, a equipe do projeto passa a ter condição de calcular a contingência necessária para aumentar a probabilidade de sucesso de prazo do projeto. Por exemplo: se o "Início da Operação" do novo cais do porto estava previsto deterministicamente para 5 de janeiro de 2010 e a equipe deseja fazer uma previsão ainda mais realista, se for adotado o percentil 80 (cobrindo 80% dos cenários possíveis), a nova data seria 5 de junho de 2010, perfazendo 5 meses adicionais ou 150 dias a mais para o início das operações. Esses 150 dias são uma representação numérica da ação simultânea dos riscos no projeto.

Na Figura 3.7, representa-se a convergência de caminhos, ou seja, para que possamos iniciar algo, uma série de atividades independentes precisa estar concluída. Para que possamos iniciar as operações do cais do porto, é primeiro necessário que o início da construção seja aprovado, e após um certo prazo de obras necessitamos que os guindastes estejam funcionando, que o pátio de cargas seja utilizável, que o prédio da aduana esteja pronto, que o canal de navegação esteja concluído, que o cais do porto e os armazéns de estocagem estejam utilizáveis. Se apenas um dos itens citados falhar, o projeto falha como um todo. As datas possíveis para conclusão de cada um dos itens citados podem ser representadas graficamente como se segue.

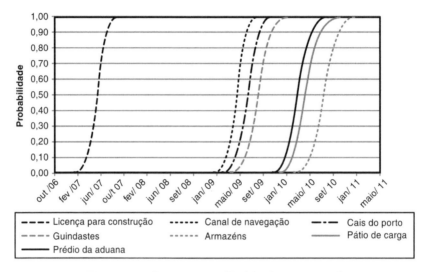

FIGURA 3.7 Impacto no "Início de operação"

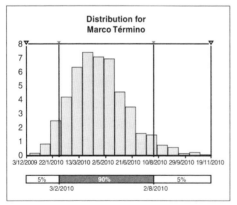
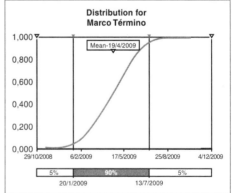

FIGURA 3.8

CAPÍTULO 4

Kit *de Sobrevivência na Selva*

A regra básica é a seguinte: deve-se pensar pequeno no começo para pensar grande apenas depois. São muitos os exemplos de grandes planos e metas auspiciosas para implantação de uma metodologia para gerenciamento de projetos que fracassaram por não terem um plano realista para o curto, o médio e o longo prazo. Algumas dicas são apresentadas a seguir, e entre elas recomenda-se que 5 ou 10 sejam eleitas e afixadas em local visível.

4.1 SE VOCÊ É MEMBRO DA EQUIPE DO PROJETO

Aspectos Comportamentais

- Esteja preparado para muitas mudanças.
- Esteja preparado para reinícios.
- Seja proativo.
- Seja disciplinado.
- Conheça os objetivos do projeto.
- Tenha bom humor diante das dificuldades.
- Seja uma pessoa agregadora.

- Siga as rotinas e procedimentos estabelecidos.
- Trabalhar com base em premissas é fonte de riscos.
- Caso se sinta desorientado, peça ajuda.
- Preste contas periodicamente de suas atividades a quem de direito e peça o *feedback* imediato.
- Tenha comprometimento com o projeto e seus objetivos.
- Caso tenha críticas, apresente-as o quanto antes, e com propostas de solução.
- A não ser quando expressamente dito ao contrário, sempre respeite a hierarquia na hora de reportar a situação de sua participação no projeto.
- Cumpra os compromissos assumidos.
- Só assuma os compromissos que tenha condição de cumprir.
- Não reinvente a roda, e mantenha as coisas simples.
- Esteja preparado para ouvir críticas.
- Seja receptivo.

Aspectos Técnicos
- Se não lhe entregarem uma relação de atividades, crie a sua própria e busque aprovação com a sua chefia.
- Tenha os diversos planos do projeto em mãos.
- Siga os planos existentes.
- Se encontrar oportunidades de melhoria, não hesite em fazer uso delas.

4.2 SE VOCÊ É O GERENTE DO PROJETO

Além dos itens citados na seção 4.1, o gerente do projeto deve considerar os seguintes aspectos:

Aspectos Comportamentais
- Lidere pelo bom exemplo.
- Seja um elemento integrador.
- Não hesite em tomar decisões.
- Correr riscos é parte integrante do gerenciamento de projetos, mas dentro de limites toleráveis.

- Divulgue os objetivos do projeto.
- Delegue as funções e faça o acompanhamento adequadamente.
- Tente sempre focar em aspectos gerenciais.
- Se possível, delegue os aspectos técnicos para o corpo técnico do projeto, evitando desvios das atividades de cunho gerencial.
- Envolva de forma precoce todas as pessoas e áreas que possam ser afetadas de forma positiva ou negativa pelo trabalho ou pelo produto do projeto, e obtenha delas comprometimento com os objetivos do projeto.
- Faça uma análise qualitativa de riscos o quanto antes possível, de forma a mapear com antecedência ameaças e oportunidades.
- Solicite que ao menos os riscos qualitativos priorizados estejam representados no cronograma e no orçamento do projeto.
- Mantenha as áreas atualizadas sobre o andamento do projeto.
- Quando possível, evite fazer uso de reuniões com perfil de acompanhamento, delegando o acompanhamento para os relatórios.
- Use o tempo da equipe com sabedoria, e faça sempre reuniões de planejamento.
- Divulgue o andamento do projeto na periodicidade e para as áreas estabelecidas pelo plano de comunicação. Na ausência deste, peça orientação ao patrocinador do projeto.

Aspectos Metodológicos

- Se não lhe entregarem uma relação de atividades, crie a sua própria e busque aprovação com a sua chefia.
- Tenha os diversos planos do projeto em mãos.
- O lema "Não às mudanças" merece estar em uma placa na mesa.
- Siga os planos existentes.
- Estimule que os planos sejam seguidos.
- Garanta que todos os procedimentos sejam seguidos.
- Se encontrar oportunidades de melhoria, não hesite em fazer uso delas.
- Tenha sempre em mãos o seguinte *kit* mínimo:
  - Termo de Abertura do Projeto assinado pelo patrocinador;
  - Declaração de Escopo;

- Estrutura Analítica do Projeto;
- Dicionário da Estrutura Analítica do Projeto;
- Plano de Comunicação;
- Análise Qualitativa de Riscos;
- Plano de Resposta aos Riscos;
- Orçamento Detalhado;
- Cronograma Detalhado.

Os demais documentos são de suma importância, mas esses citados aqui são os essenciais.

4.3 SE VOCÊ É O PATROCINADOR DO PROJETO

Os patrocinadores também possuem suas obrigações em relação aos projetos:

- Esteja sempre acessível ao gerente ou coordenador do projeto.
- Apóie o gerente do projeto na criação do *kit* mínimo descrito na seção 4.2.
- Seja um bom ouvinte.
- É parte de suas funções resolver problemas. Não deixe isso se tornar um problema.
- Caso não exista, estimule a criação de uma metodologia de gerenciamento de projetos de forma que ela possa ser também utilizada nos demais projetos da empresa. Determine que a metodologia seja utilizada de forma sistemática. Isso aumenta a confiabilidade das informações produzidas.
- Delegue as responsabilidades.
- Pergunte sempre onde pode ajudar.
- Evite tratar de assuntos técnicos, deixando isso a cargo da equipe do projeto. Em caso de dúvidas, não hesite em buscar apoio externo.
- Esteja sempre preparado para apoiar o projeto quando este sofrer pressões.
- Na medida do possível, procure interferir pouco. Lembre-se sempre de que sua mão pode ser "muito pesada", e estar todo o tempo muito próximo ao projeto pode ser prejudicial.

- Dê tempo ao tempo. Tentar acelerar demais as atividades do projeto poderá gerar muito retrabalho.
- Exija que os relatórios de acompanhamento contenham os custos e prazos previstos originalmente e os revisados em função do desempenho corrente do projeto.
- Exija que o projeto possua muitos pontos de controle intermediários. Eles ajudarão a identificar desvios de desempenho.
- Se forem identificados desvios com precocidade, mais rapidamente você poderá solicitar o planejamento das ações corretivas.
- Só gaste o tempo da equipe com o planejamento de ações corretivas se estas forem ser implementadas.
- Ajude a definir quais aspectos de planejamento e controle serão essenciais para o tipo do projeto e para o contexto no qual ele se insere. Nada de tentar o ótimo quando o bom já resolve o problema.
- A maioria dos projetos terá problemas de prazo, custos e qualidade. Por isso estimule sua equipe a criar um planejamento realista. O excesso de otimismo não é uma boa prática.

4.4 SE VOCÊ É UM LEIGO E TEM O SEU PROJETO PARA TOCAR

Essa situação é mais freqüente do que se imagina. O número de pessoas que passam por ela é muito grande. Na ótica da pessoa física, um projeto não precisa ser necessariamente algo muito grande, por exemplo, a construção da casa própria, para possuir um grande significado. Uma viagem de férias, o baile de formatura de um filho, um jantar, uma festa de aniversário ou a troca do carro, na realidade são projetos, e deveriam ser tratados como tal. Para os profissionais liberais, a montagem de um escritório, a compra de equipamentos ou a busca por treinamento são também exemplos de projetos.

O primeiro passo a ser dado pelo leigo é não cair na velha armadilha de sair empolgadamente comprando coisas, mandar fazer isso ou aquilo e gastar o próprio tempo e o de outras pessoas com algo que muitas vezes nem bem definido está. Muito provavelmente ele logo descobrirá que se esqueceu de diversos detalhes e que a maior parte do que obteve até o momento foi perda de tempo e dinheiro. Evitar começar um projeto já vivenciando frustrações por conta de ansiedade é uma boa prática, pois não se ganha nada dessa forma.

É necessário antes que o leigo use o bom senso, que faça algumas perguntas e que as responda com honestidade, caso contrário o prejudicado será ele próprio. Ele deve se perguntar, por exemplo:

- Tenho conhecimento sobre como administrar esse tipo de projeto?
- Tenho conhecimento do produto final do projeto, para saber se ele está ficando bom ou ruim?
- Tenho onde pedir ajuda ainda agora, bem no começo, para descobrir como evitar as armadilhas que virão?

Se um não foi resposta para qualquer uma dessas perguntas, o melhor a fazer é buscar ajuda imediatamente. Se as respostas foram sim, ele deve seguir as dicas que serão apresentadas mais adiante.

Uma boa prática para o leigo é admitir que, por não ser um especialista no assunto, o volume de problemas poderá ser grande. Se ele já souber quais os principais problemas que devem ser evitados, terá grande probabilidade de ser bem-sucedido.

Justiça seja feita aos leigos que conseguem obter grandes níveis de sucesso em seus projetos. Eles com certeza possuem bom senso, habilidade natural, boa capacidade de organização e de comunicação.

As principais dicas são:

- Escrever quais são os objetivos do projeto.
- Buscar sempre ter acesso a ajuda especializada.
- Buscar aprender sobre o produto do projeto.
- Gerar dúvidas ao se perguntar sobre o trabalho que terá para administrar o projeto (compras, pagamentos, entregas, pessoas envolvidas, prazos a cumprir, reuniões etc.).
- Buscar as respostas às dúvidas geradas.
- Planejar a implementação e o acompanhamento do projeto em um horizonte de tempo não muito longo.
- Ser detalhista.
- Rever periodicamente o andamento do projeto para avaliar se as metas estabelecidas estão sendo atingidas, e a qual custo financeiro e pessoal.

- Ter em mãos um orçamento e um cronograma bem detalhados.

Ser detalhista pode se mostrar trabalhoso, mas os benefícios serão visíveis, pois, ao buscar detalhes, o planejador e a equipe aprendem sobre o projeto, o número de incertezas irá diminuindo, e dessa forma as chances de se obter sucesso ficam melhoradas.

Glossário

ACRÔNIMOS COMUNS

AC	Actual Cost	Custo real
ACWP	Actual Cost of Work Performed	Custo real do trabalho realizado
ACWS	Actual Cost of Work Scheduled	Custo real do trabalho programado
AAF	Actual Finish Date	Data real de conclusão
AOA	Activity-On-Arrow	Atividade na seta
AON	Activity-On-Node	Atividade no nó
BAC	Budget At Completion	Orçamento na conclusão
BCWP	Budgeted Cost of Work Performed	Custo orçado do trabalho realizado
BCWS	Budgeted Cost of Work Scheduled	Custo orçado do trabalho programado
CAP	Control Account Plan	Plano de contas de controle
CCB	Change Control Board	Comitê de controle de alterações
CPM	Critical Path Method	Método do caminho crítico
CV	Cost Variance	Desvio dos custos
DD	Data Date	Data dos dados
DU	Duration	Duração
EAC	Estimate At Completion	Estimativa na conclusão
EF	Early Finish Date	Data mais cedo de conclusão
ES	Early Start Date	Data mais cedo de início
ETC	Estimate (or Estimated) to Complete (or Completion)	Estimativa para concluir
EV	Earned Value	Valor do trabalho realizado
EVM	Earned Value Management	Gerenciamento do valor do trabalho realizado
FF	Free Float or Finish-to-Finish	Folga livre ou terminar para terminar
FS	Finish-to-Start	Terminar para começar

GERT	Graphical Evaluation and Review Technique	Técnica de avaliação e análise gráfica
OBS	Organization(al) Breakdown Structure	Estrutura analítica organizacional
PC	Percent Complete	Porcentagem concluída
PDM	Precedence Diagramming Method	Método do diagrama de precedência
PERT	Program Evaluation and Review Technique	Técnica de avaliação e análise de programas
PF	Planned Finish Date	Data de conclusão planejada
PM	(1) Project Management (2) Project Manager	(1) Gerenciamento de projetos (2) Gerente de projetos
PMBoK	Project Management Body of Knowledge	Conjunto de conhecimentos do gerenciamento de projetos
PMP	Project Management Professional	Profissional de gerenciamento de projetos
PS	Planned Start Date	Data de início planejada
PV	Planned Value	Valor planejado
QA	Quality Assurance	Garantia da qualidade
QC	Quality Control	Controle da qualidade
RAM	Responsibility Assignment Matrix	Matriz de designação ou atribuição de responsabilidades
SF	(1) Scheduled Finish Date (2) Start-To-Finish	(1) Data de conclusão programada (2) Começar para terminar
SOW	Statement of Work	Declaração do trabalho
SPI	Schedule Performance Index	Índice de desempenho do cronograma
SS	(1) Scheduled Start Date (2) Start-to-Start	(1) Data de início programada (2) Começar para começar
SV	Schedule Variance	Desvio do cronograma
TC	Target Completion Date	Data alvo de conclusão
TF	(1) Target Finish Date (2) Total Float	(1) Data alvo para conclusão (2) Folga total
TS	Target Start Date	Data alvo de início
TQM	Total Quality Management	Gerenciamento da qualidade total
WBS	Work Breakdown Structure	Estrutura analítica do trabalho

DEFINIÇÕES

Aceitação de riscos. *Risk acceptance*. Essa técnica do processo *de planejamento de* respostas a riscos indica que a equipe do projeto, para resposta a ameaças, decidiu não alterar o *plano do projeto* para lidar com o risco ou que não pode identificar uma outra estratégia adequada. No caso de riscos positivos ou oportunidades, essa técnica pressupõe que o esforço para que o risco ocorra não será muito grande.

Ações corretivas. *Corrective actions*. Alterações efetuadas para que o desempenho previsto do *projeto* corresponda ao plano.

Administração de contrato. *Contract administration*. Gerenciamento do relacionamento com o *fornecedor ou* com o *cliente*.

Glossário **105**

Alertas. *Triggers*. Os alertas, às vezes denominados sintomas de risco ou sinais de alerta, são indicações de que um risco ocorreu ou está para ocorrer. Os alertas podem ser mapeados no processo *de identificação de* riscos e podem ser observados no processo *de monitoração e controle de* riscos.

Alterações do escopo. *Scope change*. Qualquer alteração no escopo *do projeto*. Uma alteração no escopo quase sempre requer um ajuste nos custos ou cronograma do projeto.

Alternativas. *Workaround*. Resposta a um evento de risco negativo. Ao contrário do plano de contingência, as alternativas não são planejadas, antecipando-se à ocorrência de um evento de risco.

Análise da árvore de decisão. *Decision-tree analysis*. A árvore de decisão é um diagrama que descreve uma decisão que está sendo considerada e as implicações da escolha de uma ou outra das alternativas disponíveis. Ela incorpora probabilidades ou riscos e os custos ou recompensas de cada caminho lógico dos eventos e decisões futuras.

Análise das premissas. *Assumptions analysis*. Técnica que explora a exatidão das premissas e identifica os riscos do *projeto* causados pelo caráter impreciso, incoerente ou incompleto das premissas.

Análise de rede. *Network analysis*. Processo de identificação das *datas mais cedo e mais tarde de início e de conclusão* das partes incompletas das *atividades* do projeto. Veja também *método do caminho crítico* (CPM), *técnica de avaliação e análise de programas* (PERT) e *técnica de avaliação e análise gráfica* (GERT).

Análise do cronograma. *Schedule analysis*. Veja *análise de rede*.

Análise matemática. *Mathematical analysis*. Veja *análise de rede*.

Análise Monte Carlo. *Monte Carlo analysis*. Técnica que realiza diversas simulações de um projeto a fim de calcular uma distribuição dos resultados prováveis. Veja *simulação*.

Análise qualitativa de riscos. *Qualitative risk analysis*. Realização da análise qualitativa de riscos e condições para priorizar seus efeitos sobre os objetivos do projeto. Envolve a avaliação da probabilidade e o impacto do(s) risco(s) do projeto e a utilização de métodos como a *matriz de probabilidade e de impacto* para classificar os riscos nas categorias de alto, moderado e baixo para o planejamento de respostas a riscos priorizados.

Análise quantitativa de riscos. *Quantitative risk analysis*. Medição da probabilidade e conseqüências dos riscos e estimativa de suas implicações nos objetivos do projeto. Os riscos são caracterizados pelas distribuições de probabilidade de possíveis resultados. Esse processo utiliza técnicas quantitativas como a *simulação* e a *análise da árvore de decisão*.

Antecipação. *Lead*. Alteração de uma *relação lógica* que permite a agilização de uma *tarefa* sucessora. Por exemplo, uma dependência do tipo "terminar para começar" com antecipação de 10 dias significa que a *atividade* sucessora pode ser iniciada 10 dias antes que a atividade predecessora tenha sido concluída. Veja também *atraso*.

106 Glossário

Área de aplicação. *Application area*. Categoria de projetos que possui elementos comuns que não se encontram em todos os projetos. As áreas de aplicação são normalmente definidas tanto em termos de produto do *projeto* (por exemplo, por tecnologias ou setores de indústrias semelhantes) como por tipo de cliente (por exemplo, interno ou externo, governamental ou comercial). Freqüentemente, as áreas de aplicação se sobrepõem.

Até a presente data. *As-of-Date*. Veja *data dos dados*.

Atividade. *Activity*. Trabalho realizado no decorrer de um projeto. Uma atividade tem normalmente uma previsão de duração, de custos e de recursos necessários. As atividades são geralmente subdivididas em tarefas.

Atividade crítica. *Critical activity*. Qualquer *atividade* em um *caminho crítico*. Ela é determinada mais comumente através do *método do caminho crítico*. Algumas atividades são consideradas "críticas" no sentido literal, sem estarem no *caminho crítico*. Esse significado, no entanto, raramente é usado no contexto de projetos.

Atividade fictícia. *Dummy activity*. Uma atividade com duração nula usada para demonstrar uma *relação lógica* no *método do diagrama de flechas*. As atividades fictícias são utilizadas quando não é possível representar as relações *lógicas* de forma completa ou correta com as flechas de atividades normais. As atividades fictícias são graficamente ilustradas como uma linha pontilhada com uma *ponta de flecha*.

Atividade predecessora. *Predecessor activity*. (1) No *método do diagrama de flechas*, a *atividade* que entra em um *nó*. (2) No *método do diagrama de precedência*, a atividade "de" (procedência).

Atividade quase crítica. *Near-critical activity*. *Atividade* que possui uma *folga* total baixa.

Atividade sucessora. *Successor activity*. (1) No *método do diagrama de flechas*, a *atividade* que sai de um *nó*. (2) No *método do diagrama de precedência*, a atividade "para" (destino).

Atividade sumarizadora. *Hammock*. *Atividade* agregada ou sintética (um grupo de atividades relacionadas é mostrado como uma atividade e relatado de forma sumarizada). Uma atividade sumarizadora pode ou não ter uma seqüência interna. Veja também *subprojeto* e *sub-rede*.

Atividade na flecha (ROA). *Activity-On-Arrow (AOA)*. Veja *método do diagrama de flechas*.

Atividade no nó (AON). *Activity-On-Node (AON)*. Veja *método do diagrama de precedência*.

Atraso. *Lag*. Alteração de uma *relação lógica* que gera um atraso em uma *tarefa* sucessora. Por exemplo, uma dependência do tipo terminar para começar com atraso de 10 dias significa que a atividade sucessora só pode ser iniciada 10 dias após a atividade predecessora ter sido concluída. Veja também *antecipação*.

Banco de dados de riscos. *Risk database*. Um repositório que permite a coleta, a manutenção e a análise dos dados colhidos e usados no processo *de gerenciamento de* riscos. Um programa do tipo lições *aprendidas* utiliza um banco de dados de riscos. Esse é um produto dos processos *de monitoração e controle dos* riscos.

Base de referência. *Baseline*. O plano originalmente aprovado (de um *projeto,* um *conjunto de tarefas* ou uma *atividade),* incluídas as alterações aprovadas do escopo. Normalmente usada com um modificador (por exemplo, a base *de referência* dos custos, do cronograma, da *medição de desempenho*).

Base de referência da medição do desempenho. *Performance measurement baseline*. Plano aprovado ao qual se comparam os desvios para controlar o gerenciamento.

Base de referência do escopo. *Scope baseline*. Veja base *de referência*.

Brainstorming. Técnica de estímulo à criatividade geral para identificar riscos ou gerar idéias que usa um grupo formado pelos membros da equipe ou especialistas no assunto. Normalmente, a sessão de *brainstorming* consiste em registrar as idéias de cada participante para análise posterior.

Buffer. *Buffer*. Veja reserva.

Caminho. *Path*. Conjunto de *atividades* seqüencialmente conectadas em um *diagrama de rede do projeto*.

Caminho crítico. *Critical path*. Série de *atividades* que determina a *duração* do *projeto*. Em um modelo determinista, o caminho crítico é normalmente definido como as atividades com uma *folga* menor ou igual a um valor específico, freqüentemente zero. É o caminho mais longo do projeto. Veja *método do caminho crítico*.

Caminho da rede. *Network path*. Qualquer série contínua de *atividades* conectadas em um *diagrama de rede do projeto*.

Caminho de ida. *Forward pass*. Cálculo das *datas mais cedo de início e de conclusão* para as partes incompletas de todas as atividades da rede. Veja também *análise de rede* e *caminho de volta*.

Caminho de volta. *Backward pass*. Cálculo das *datas mais tarde de término* e *de início* para as partes incompletas de todas as atividades da rede. A data é determinada trabalhando-se em retrospectiva pela *lógica da rede* a partir da data de conclusão do *projeto*. A data de conclusão pode ser calculada em um *caminho de ida* ou pode ser estabelecida pelo cliente ou patrocinador. Veja também *análise de rede*.

Caminho rápido. *Fast tracking*. Redução do *cronograma do projeto* por meio da sobreposição de *atividades* que normalmente seriam realizadas em seqüência, como, por exemplo, especificações e construção. Às vezes confundido com *engenharia simultânea*.

Categoria de risco. *Risk category*. Fonte de um possível risco que reflete os aspectos técnicos, de gerenciamento do projeto, de organizações ou fontes externas.

Ciclo de vida do projeto. *Project life cycle*. Conjunto de fases *do projeto* geralmente em ordem seqüencial cujos nomes e quantidades são determinados pelas necessidades de controle da organização ou organizações envolvidas no *projeto*.

108 Glossário

Código de contas. *Code of accounts*. Qualquer sistema de numeração utilizado para identificar cada um dos componentes da *estrutura analítica do trabalho*. Veja também *plano de contas*.

Começar para começar. *Start-to-Start*. Veja *relação lógica*.

Começar para terminar. *Start-to-Finish*. Veja *relação lógica*.

Comitê de Controle de Alterações (CCB). *Change Control Board (CCB)*. Grupo de *interessados*, formalmente constituído e responsável pela aprovação ou rejeição de alterações na *base de referência* do projeto.

Compactação. *Crashing*. Ação adotada para reduzir a *duração* total do projeto após a análise das diversas alternativas a fim de determinar como obter uma *redução* máxima da duração pelo menor custo.

Componente. *Component*. Parte constituinte, elemento.

Conjunto de conhecimentos do gerenciamento de projetos (PMBoK). *Project Management Body of Knowledge (PMBoK)*. Expressão abrangente que descreve a soma dos conhecimentos intrínsecos à profissão de *gerenciamento de projetos*. Assim como em outras profissões como advocacia, medicina e contabilidade, o conjunto de conhecimentos pertence aos praticantes e aos acadêmicos que o aplicam e o desenvolvem. O PMBoK inclui práticas tradicionais comprovadas amplamente aplicadas, assim como práticas inovadoras e avançadas que apresentam um uso mais específico.

Contingências. *Contingencies*. Veja *reserva e planejamento de contingência*.

Contrato. *Contract*. Um contrato é um acordo mútuo e obrigatório que obriga o *fornecedor* a entregar o produto especificado e o comprador a pagar por ele. Geralmente, os contratos se enquadram em uma das três categorias gerais a seguir:

*   Contratos de *preço* fixo ou preço global – essa categoria de contrato consiste em um preço total fixo para um produto bem-definido. Os contratos de preço fixo podem também incluir incentivos para que o fornecedor atenda ou supere determinados objetivos do projeto, como por exemplo metas de cronograma.
*   Contratos de custos reembolsáveis – essa categoria de contrato consiste no pagamento (reembolso) ao fornecedor por seus custos reais. Normalmente, os custos se classificam como custos diretos (custos incorridos diretamente pelo projeto, como por exemplo salários dos membros da equipe do projeto) e indiretos (custos alocados ao projeto pela organização executora como o custo das operações, por exemplo, salários dos executivos da empresa). Geralmente, os custos indiretos são calculados como uma porcentagem dos custos diretos. Os contratos de custos reembolsáveis muitas vezes incluem incentivos para que o fornecedor atenda ou supere determinados objetivos do projeto, como por exemplo metas de cronograma ou custo total.
*   Contratos por tempo e material – esses contratos constituem um tipo híbrido de acordo contratual que contém aspectos dos contratos de custos reembolsáveis e de preço fixo. Os contratos por tempo e material se as-

semelham aos do tipo com custos reembolsáveis por serem modificáveis, já que o valor total do acordo não é definido no momento em que ele é firmado. Dessa forma, os contratos por tempo e material podem ter o seu valor aumentado como se fossem contratos de custos reembolsáveis. Por outro lado, os contratos por tempo e material podem também se assemelhar aos contratos de custo fixo, quando, por exemplo, as taxas unitárias são preestabelecidas pelo comprador e pelo fornecedor, como no caso em que ambas as partes concordam com as taxas de serviços profissionais para a categoria de "engenheiros seniores".

Contrato de custo mais taxa de incentivo (CPIF). *Cost Plus Incentive Fee (CPIF) Contract*. Um tipo de *contrato* em que o comprador reembolsa o *fornecedor* pelos custos permitidos (definidos pelo contrato), e o fornecedor terá direito a lucro se atender aos critérios de desempenho definidos.

Contrato de custo mais taxa fixa (CPFF). *Cost plus fixed fee (CPFF) Contract*. Um tipo de *contrato* em que o comprador reembolsa o *fornecedor* pelos custos permitidos (definidos pelo contrato), acrescidos de um valor fixo de lucro (taxa).

Contrato de preço fixo. *Fixed price contract*. Veja *contrato de preço fixo garantido*.

Contrato de preço fixo com taxa de incentivo (FPIF). *Fixed price incentive fee (FPIF) contract*. *Um tipo* de *contrato* em que o comprador paga ao fornecedor um valor determinado (conforme definido pelo contrato) e pelo qual o fornecedor pode ganhar um valor adicional se atender aos critérios de desempenho definidos.

Contrato de preço fixo garantido (FFP). *Firm fixed price (FFP) contract*. Um tipo de *contrato* em que o comprador paga ao *fornecedor* um valor determinado (definido pelo contrato), independentemente dos custos do fornecedor.

Controle. *Control*. Processo pelo qual se compara o desempenho real com o planejado, analisando as variações e as alternativas possíveis e adotando as ações *corretivas* adequadas, conforme necessário.

Controle de alterações do escopo. *Scope change control*. Controle das alterações no *escopo do projeto*.

Controle de custos. *Cost control*. Controle das alterações no orçamento do projeto.

Controle da qualidade (QC). *Quality control (QC)*. (1) O processo de monitoração dos resultados específicos do *projeto* a fim de determinar se esses resultados estão de acordo com os padrões relevantes de qualidade e identificação de maneiras para eliminar as causas de um desempenho insatisfatório. (2) A unidade organizacional responsável pelo controle da qualidade.

Controle do cronograma. *Schedule control*. Controle das alterações no cronograma do projeto.

Controle integrado de alterações. *Integrated change control*. Coordenação das alterações por todo o *projeto*.

110   Glossário

Convergência de caminhos. ***Path convergence.*** O *nó* no cronograma em que caminhos paralelos se unem ou se fundem. Nesse nó, atrasos e prolongamentos de qualquer caminho convergente podem atrasar o *projeto*. Na *análise quantitativa de* riscos de um cronograma, podem ocorrer riscos significativos nesse ponto.

Convite para licitação (IFB). ***Invitation for bid (IFB).*** Geralmente, esse termo equivale à *solicitação de proposta.* No entanto, em algumas *áreas de aplicação,* pode ter um significado mais restrito ou mais específico.

Cronograma. ***Schedule.*** Veja *cronograma do projeto.*

Cronograma alvo. ***Target schedule.*** Veja *base de referência.*

Cronograma de eventos principais. ***Key event schedule.*** Veja *cronograma mestre.*

Cronograma de marcos. ***Milestone schedule.*** Um cronograma sumarizado que identifica os principais *marcos.* Veja também *cronograma mestre.*

Cronograma do projeto. ***Project schedule.*** As datas planejadas para realizar as *atividades* e para atingir os marcos.

Cronograma limitado por recursos. ***Resource-limited schedule.*** Um *cronograma de projeto* cujas *datas de início e* conclusão refletem a disponibilidade prevista de recursos. O cronograma final do projeto deve ser sempre limitado por recursos.

Cronograma mestre. ***Master schedule.*** Cronograma sumarizado que identifica as *atividades* e os *marcos* principais do projeto. Veja também *cronograma de marcos.*

Curva S. ***S-Curve.*** Representação gráfica dos custos cumulativos, horas de mão-de-obra, porcentagem de trabalho ou outras quantidades, indicando sua evolução no tempo. O nome se origina do formato parecido com um S da curva (mais plana no começo e no fim e de curvatura mais acentuada no centro) gerada em um *projeto* que começa lentamente, se agiliza e em seguida diminui o ritmo. É também uma expressão para a provável distribuição cumulativa resultante da *simulação,* uma ferramenta da *análise quantitativa de* riscos.

Custeio do ciclo de vida. ***Life-cycle costing.*** Conceito que consiste em incluir os custos de aquisição, operação e eliminação ao se avaliarem diversas alternativas.

Custo final previsto. ***Forecast final cost.*** Veja *estimativa na conclusão.*

Custo orçado do trabalho programado (BCWS). ***Budgeted cost of work scheduled (BCWS).*** Esse termo foi substituído pelo termo *valor do trabalho programado.*

Custo orçado do trabalho realizado (BCWP). ***Budgeted cost of work performed (BCWP).*** Esse termo foi substituído pelo termo *valor do trabalho realizado.*

Custo real (AC). ***Actual cost (AC).*** Custos totais incorridos que devem estar relacionados com os custos orçados dentro do *valor planejado* e do *valor do trabalho realizado* (que às vezes podem ser somente as horas de mão-de-obra direta, só os custos diretos ou todos os custos, inclusive custos indiretos) na realização do trabalho durante um dado período de tempo. Veja também *valor do trabalho realizado.*

Custo real do trabalho realizado (ACWP). *Actual cost of work performed (ACWP).* Esse termo foi substituído pelo termo *custo real.*

Custos da qualidade. *Cost of quality.* Custos incorridos para garantir a qualidade. Os custos da qualidade incluem *planejamento, controle* e *garantia da qualidade,* bem como o *retrabalho.*

Data de início planejada (PS). *Planned start date (PS).* Veja *data de início programada.*

Data alvo de conclusão (TC). *Target completion date (TC).* Uma data imposta que restringe ou de outra forma modifica a *análise de rede.*

Data alvo de início (TS). *Target start date (TS).* A data planejada para o início do trabalho de uma *atividade.*

Data alvo para a conclusão (TF). *Target finish date (TF).* A data planejada para a conclusão do trabalho de uma *atividade.*

Data atual de conclusão. *Current finish date.* *Estimativa* atual de quando a *atividade* será concluída.

Data atual de início. *Current start date.* *Estimativa* atual de quando a *atividade* será iniciada.

Data-base de conclusão. *Baseline finish date.* Veja *data de conclusão programada.*

Data-base de início. *Baseline start date.* Veja *data de início programada.*

Data de conclusão. *Finish date.* Um ponto no tempo associado à conclusão de uma *atividade.* Normalmente é qualificada como real, planejada, estimada, programada, mais cedo, mais tarde, base de referência, meta ou corrente.

Data de conclusão planejada (PF). *Planned finish date (PF).* Veja *data de conclusão programada.*

Data de conclusão programada (SF). *Scheduled finish date (SF).* A data na qual um trabalho de determinada *atividade* estava programado para terminar. A data de conclusão programada encontra-se normalmente dentro da faixa de datas delimitadas pelas *datas de conclusão mais cedo* e *data de conclusão mais tarde.* Pode refletir o nivelamento de recursos escassos.

Data de início. *Start date.* Um ponto no tempo associado ao início de uma *atividade,* normalmente qualificado por um dos seguintes: real, planejado, estimado, programado, mais cedo, mais tarde, meta, base de referência ou corrente.

Data de início programada (SS). *Scheduled start date (SS).* A data na qual um trabalho de uma determinada *atividade* estava programado para começar. A data de início programada encontra-se normalmente dentro da faixa de datas delimitadas pela *data mais cedo de início* e *data mais tarde de início.* Pode refletir o nivelamento de recursos escassos.

Data dos dados (DD). *Data date (DD).* Data em que o sistema de relatório do projeto apresentou a condição real e as realizações atuais ou data até em que isso tenha sido feito. Também chamado de *até a presente data.*

112 Glossário

Data mais cedo de conclusão (EF). *Early finish date (EF).* No *método do caminho crítico,* a data mais cedo possível na qual as partes incompletas de uma *atividade* (ou *projeto)* podem ser concluídas com base na *lógica da rede* e em todas as restrições do cronograma. As datas mais cedo de conclusão podem mudar à medida que o projeto se desenvolve e que sejam feitas mudanças no *plano do projeto.*

Data mais cedo de início (ES). *Earty start date (ES).* No método do caminho crítico, a data mais cedo possível na qual as partes incompletas de uma *atividade* (ou *projeto)* podem ser iniciadas com base na lógica da rede e em todas as restrições do cronograma. As datas mais cedo de início podem mudar à medida que o projeto se desenvolve e que sejam feitas mudanças no *plano do projeto.*

Data mais tarde de conclusão (LF). *Late finish date (LF).* No *método do caminho crítico,* a data mais tarde possível em que uma *atividade* pode ser concluída sem atrasar um *marco* especificado (normalmente a *data de conclusão* do projeto).

Data mais tarde de início (LS). *Late start date (LS).* No *método do caminho crítico,* a data mais tarde possível em que uma *atividade* pode ser iniciada sem atrasar um *marco* especificado (normalmente a *data de conclusão* do projeto).

Data real de início (AS). *Actual start date (AS).* Momento em que o trabalho de uma *atividade* é iniciado.

Data real de conclusão (AF). *Actual finish date (AF).* Momento em que o trabalho em uma *atividade* foi concluído. (Obs: em algumas *áreas de aplicação,* a atividade é considerada "terminada" quando o trabalho tiver sido "substancialmente concluído".)

Declaração do escopo. *Scope statement.* A declaração do escopo fornece uma base documentada para futuras decisões do projeto e para confirmar ou desenvolver uma compreensão comum do escopo *do projeto* entre os *interessados.* A declaração do escopo pode precisar ser revisada ou refinada ao longo do *projeto* para que reflita as alterações aprovadas do escopo do *projeto.*

Declaração do trabalho (SOW). *Statement of work (SOW).* Uma descrição dos produtos ou serviços a serem fornecidos de acordo com o *contrato.*

Definição das atividades. *Activity definition.* Identificação das *atividades* específicas que devem ser realizadas com o objetivo de produzir os vários *resultados principais* do projeto.

Definição do escopo. *Scope definition.* Subdivisão dos *resultados principais* em componentes menores, mais facilmente gerenciáveis, de maneira a possibilitar um melhor controle.

Dependência. *Dependency.* Veja *relação lógica.*

Descrição da atividade (AD). *Activity description (AD).* Frase ou denominação curta usada em um *diagrama de rede de um projeto.* Normalmente, a descrição da atividade explica o escopo do seu trabalho.

Desenvolvimento da equipe. *Team development*. Desenvolvimento das aptidões individuais e da equipe para melhorar o desempenho do *projeto*.

Desvio do cronograma (SV). *Schedule variance (SV)*. (1) Qualquer diferença entre a conclusão programada de uma *atividade* e a sua *conclusão real*. (2) Em *valor do trabalho realizado,* EV menos PV = SV.

Desvio dos custos (CU). *Cost variance (CV)*. (1) Diferença entre o custo orçado de uma atividade e seu custo real. (2) Em valor do trabalho realizado, EV menos AC = CV.

Diagrama de lógica. *Logic diagram*. Veja *diagrama de rede do projeto*.

Diagrama de Pareto. *Pareto diagram*. Um histograma, organizado por freqüência de ocorrências, que mostra quantos resultados foram gerados para cada causa identificada.

Diagrama PERT. *PERT chart*. O termo é normalmente usado para se referir a um *diagrama de rede do projeto*. Veja *técnica de avaliação e análise de programas* para a definição tradicional do PERT.

Diagrama de rede com escala de tempo. *Time-scaled network diagram*. Qualquer *diagrama de rede do projeto* traçado de forma a que o posicionamento e o comprimento da *atividade* representem a sua *duração*. Trata-se basicamente de um gráfico *de barras* que inclui a *lógica de rede*.

Diagrama de rede do projeto. *Project network diagram*. Qualquer demonstração esquemática das *relações lógicas* das *atividades* do projeto. Sempre elaborado da esquerda para a direita, para refletir a cronologia do projeto. Freqüentemente chamado, incorretamente, de *gráfico PERT*.

Diagramas de controle. *Control chart*. Diagramas de controle são representações gráficas dos resultados de um processo obtidos durante um determinado tempo e comparados com os limites de controle estabelecidos. Eles são utilizados para determinar se o processo está "sob controle" ou se há necessidade de ajustes.

Distribuição das informações. *Information distribution*. Colocar as informações necessárias à disposição dos interessados no momento oportuno.

Duração (DU). *Duration (DU)*. Quantidade de períodos de trabalho (sem incluir feriados ou outros períodos de descanso) necessários para completar uma *atividade* ou outro elemento do projeto. Normalmente indicada em dias ou semanas de trabalho, e às vezes incorretamente equiparada ao tempo decorrido. Veja também *empenho*.

Elaboração do cronograma. *Schedule development*. Análise das seqüências das *atividades,* suas *durações* e os recursos necessários para criar o *cronograma do projeto*.

Elaboração do plano do projeto. *Project plan development*. Integração e coordenação de todos os planos do projeto de maneira a se criar um documento consistente e coerente.

Elemento. *Element*. Uma das partes, substâncias ou princípios que constituem um conjunto composto ou complexo.

Empenho. *Effort*. Quantidade de unidades de mão-de-obra necessária para concluir uma *atividade* ou outro elemento do projeto. Normalmente indi-

114 Glossário

cado como equipe-horas, equipe-dias ou equipe-semanas. Não deve ser confundido com *duração*.

Encerramento administrativo. *Administrative closure*. Geração, coleta e divulgação de informações para formalizar a conclusão de uma fase ou *projeto*.

Encerramento do contrato. *Contract closeout*. Conclusão e liquidação do *contrato*, incluindo a resolução de todas as pendências.

Engenharia do valor (VE). *Value engineering (VE)*. Engenharia do valor é uma abordagem criativa usada para otimizar os custos do ciclo de vida, economizar tempo, aumentar o lucro, melhorar a qualidade, ampliar a participação de mercado, solucionar problemas e/ou utilizar recursos de forma mais eficiente.

Equipe de gerenciamento de projetos. *Project management team*. Membros da equipe do projeto que participam diretamente das *atividades* de gerenciamento de projetos. Em projetos de pequeno porte, a equipe de gerenciamento de projetos pode incluir praticamente todos os *membros da equipe do projeto*.

Escopo. *Scope*. A soma dos produtos e serviços a serem fornecidos na forma de *projeto*. Veja *escopo do projeto* e *escopo do produto*.

Escopo do produto. *Product scope*. Características e funções que caracterizam um produto ou serviço.

Escopo do projeto. *Project scope*. Trabalho que deve ser realizado para entregar um produto com características e funções especificadas.

Estimativa. *Estimate*. Avaliação de um resultado quantitativo provável. Geralmente aplicada aos custos e à *duração* do projeto, deve sempre incluir uma indicação de exatidão (por exemplo, $+ - \times$ %). É normalmente usada com um modificador (por exemplo, preliminar, conceitual, viabilidade). Algumas *áreas de aplicação* possuem modificadores específicos que indicam intervalos concretos de exatidão (por exemplo, *estimativa da ordem de grandeza*, de orçamento e cálculo definitivo em projetos de engenharia e construção).

Estimativa da ordem de grandeza. *Order of magnitude estimate*. Veja *estimativa*.

Estimativa de custos. *Cost estimating*. Quantidade aproximada *(estimativa)* do custo dos recursos necessários para concluir as *atividades* do projeto.

Estimativa de duração das atividades. *Activity duration estimating*. Estimativa do número de períodos de trabalho necessários para finalizar as *atividades* individuais.

Estimativa definitiva. *Definitive estimate*. Veja *estimativa*.

Estimativa do orçamento. *Budget estimate*. Veja *estimativa*.

Estimativa na conclusão (EAC). *Estimate at completion (EAC)*. O custo total previsto de uma *atividade*, de um grupo de atividades ou do *projeto* quando o escopo definido do trabalho foi concluído. A maioria das técnicas para previsão da EAC inclui alguns ajustes da estimativa original de custo com base no desempenho do projeto "até a presente data".

Estimativa para concluir (ETC). *Estimate to complete (ETC)*. Custo adicional previsto necessário para concluir uma *atividade,* um grupo de atividades ou o *projeto*. A maioria das técnicas para a previsão da ETC inclui alguns ajustes à *estimativa* original com base no desempenho do projeto "até a presente data". Também chamado de "estimado para concluir". Veja também *valor do trabalho realizado* e *estimativa na conclusão*.

Estimativa paramétrica. *Parametric estimating*. Técnica de estimativa que utiliza uma relação estatística entre dados históricos e outras variáveis (por exemplo, metros quadrados em construção, linhas de código em desenvolvimento de software) para calcular uma *estimativa*.

Estimativas de custos prováveis. *Should-cost estimates*. Estimativa do custo de um produto ou serviço utilizada para avaliar se os custos propostos por um possível fornecedor são razoáveis.

Estrutura analítica do trabalho (WBS). *Work breakdown structure (WBS)*. Agrupamento de elementos do projeto orientados ao *resultado* principal que organiza e define o escopo total do trabalho do *projeto*. Cada nível descendente representa uma definição cada vez mais detalhada do trabalho do projeto.

Estrutura analítica organizacional (OBS). *Organizational breakdown structure (OBS)*. Uma descrição da organização do projeto disposta de forma a relacionar os *pacotes de trabalho* com as unidades organizacionais.

Evento de risco. *Risk event*. Ocorrência distinta que pode afetar o projeto de forma tanto positiva quanto negativa.

Evento no nó. *Event-on-node*. Técnica de diagramas de rede em que os eventos são representados por caixas (ou nós) ligados por flechas para indicar a seqüência na qual os eventos devem ocorrer. Usado na PERT *(técnica de avaliação e análise de programas)* original.

Execução do plano do projeto. *Project plan execution*. Execução do *plano do projeto* através da execução das atividades nele incluídas.

Fase. *Phase*. Veja *fase do projeto*.

Fase do projeto. *Project phase*. Um grupo de *atividades* do projeto relacionadas de forma lógica, que geralmente culminam com a conclusão de um *resultado principal*.

Flecha. *Arrow*. Representação gráfica de uma *atividade*. Veja também *método do diagrama de flechas*.

Folga. *Float*. A quantidade de tempo que uma *atividade* pode ter sua *data de início mais cedo* adiada sem atrasar a *data de conclusão* do projeto. A folga é um cálculo matemático e pode mudar à medida que o *projeto* se desenvolve e à medida que sejam efetuadas alterações no *plano do projeto*. Também chamada de *folga total* ou *folga do caminho*. Veja também *folga livre*.

Folga. *Slack*. Termo utilizado no *método do diagrama de flechas* para *float*.

Folga do caminho. *Path float*. Veja *folga*.

116 Glossário

Folga livre (FF). *Free float (FF).* A quantidade de tempo que uma *atividade* pode ser adiada sem atrasar o *início mais cedo* de qualquer uma das atividades imediatamente subseqüentes. Veja também *folga*.

Folga total (TF). *Total float (TF).* Veja *folga*.

Formação da equipe. *Staff acquisition.* Conseguir que os recursos humanos necessários sejam designados e estejam trabalhando no *projeto*.

Fornecedor. *Seller.* O fornecedor de bens ou serviços de uma empresa.

Fragnet. *Fragnet.* Veja *sub-rede*.

Garantia da qualidade (QA). *Quality assurance (QA).* (1) O processo de avaliação regular do desempenho geral do projeto para gerar confiança no sucesso do *projeto* em alcançar os padrões relevantes de qualidade. (2) A unidade organizacional responsável pela garantia da qualidade.

Gerenciamento da qualidade do projeto. *Project quality management.* Subconjunto do *gerenciamento de projetos* que inclui os processos necessários para assegurar que o projeto satisfaça as necessidades para as quais foi criado. Consiste no *planejamento da qualidade*, na *garantia da qualidade* e no *controle da qualidade*.

Gerenciamento da qualidade total (TQM). *Total quality management (TQM).* Um método comum utilizado para implementar um programa de melhoria de qualidade em uma organização.

Gerenciamento de aquisições do projeto. *Project procurement management.* Subconjunto do *gerenciamento de projetos* que inclui os processos necessários para a aquisição de bens e serviços externos para cumprir o escopo *do projeto*. Consiste no *planejamento das aquisições, planejamento da solicitação, solicitação, seleção das fontes, administração do contrato* e *encerramento do contrato*.

Gerenciamento das comunicações do projeto. *Project communications management.* Subconjunto do *gerenciamento de projetos* que inclui os processos necessários para garantir a geração, coleta, divulgação, armazenagem e disposição final apropriada das informações do projeto. Consiste no *planejamento das comunicações, distribuição das informações, relatório de desempenho* e *encerramento administrativo*.

Gerenciamento de custos do projeto. *Project cost management.* Subconjunto do *gerenciamento de projetos* que inclui os processos necessários para garantir que o *projeto* seja concluído dentro do orçamento aprovado. Consiste no *planejamento dos recursos, estimativa de custos, orçamento de custos* e *controle de custos*.

Gerenciamento de integração do projeto. *Project integration management.* Subconjunto do *gerenciamento de projetos* que inclui os processos necessários para assegurar que os diversos elementos do *projeto* sejam adequadamente coordenados. Consiste na *elaboração do plano do projeto,* na *execução do plano do projeto* e no *controle geral de alterações*.

Gerenciamento de projetos (PM). *Project management (PM).* Aplicação dos conhecimentos, habilidades, ferramentas e técnicas às *atividades* do projeto a fim de atender aos seus requisitos.

Gerenciamento de recursos humanos do projeto. *Project human resource management.* Subconjunto do *gerenciamento de projetos* que inclui os processos necessários para empregar de forma mais eficaz o pessoal envolvido no *projeto.* Consiste no *planejamento organizacional,* na *formação da equipe* e no *desenvolvimento da equipe.*

Gerenciamento de riscos do projeto. *Project risk management.* Processo sistemático de identificação, análise e respostas a riscos do projeto. Inclui maximizar a probabilidade e conseqüências de eventos positivos e minimizar a probabilidade e conseqüências que eventos adversos possam trazer aos objetivos do projeto. Engloba também os processos de *planejamento do gerenciamento de riscos, identificação de riscos, análise qualitativa de riscos, análise quantitativa de riscos, planejamento de respostas a riscos* e *monitoração e controle de riscos.*

Gerenciamento de tempo do projeto. *Project time management* Subconjunto do gerenciamento *de projetos* que inclui os processos necessários para assegurar a conclusão do *projeto* no prazo previsto. Consiste na definição das atividades, *seqüenciamento das atividades, estimativa de duração das atividades, elaboração do cronograma* e *controle do cronograma.*

Gerenciamento do escopo do projeto. *Project scope management.* Subconjunto do *gerenciamento de projetos* que inclui os processos necessários para assegurar que o *projeto* inclua todas as atividades necessárias, e apenas as atividades necessárias, para que seja finalizado com sucesso. Consiste na *iniciação, planejamento do escopo, definição do escopo, verificação do escopo* e *controle de alterações do escopo.*

Gerenciamento do valor do trabalho realizado (EVM). *Earned value management (EVM).* Método usado para integrar o escopo, o cronograma e os recursos e para medir o desempenho do projeto. Compara a quantidade de trabalho planejada com a que foi realmente executada e o que realmente se gastou a fim de determinar se o desempenho dos custos e do cronograma corresponde ao planejado.

Gerente de linha. *Line manager.* (1) Gerente de qualquer grupo que fabrique um produto ou preste um serviço. (2) Um *gerente funcional.*

Gerente de projetos (PM). *Project manager (PM).* Pessoa responsável pelo gerenciamento de um *projeto.*

Gerente funcional. *Functional manager.* Gerente responsável pelas *atividades* de um departamento ou função especializada (por exemplo, engenharia, fabricação, marketing).

Gráfico de barras. *Bar chart.* Representação gráfica de informações relacionadas ao cronograma. Em um gráfico de barras típico, as *atividades* ou outros elementos do projeto são listados verticalmente no lado esquerdo do gráfico, as datas são mostradas horizontalmente na parte superior, e as *durações* das atividades são ilustradas como barras horizontais posicionadas de acordo com as datas. Também chamado de *gráfico de Gantt.*

Gráfico de Gantt. *Gantt chart.* Veja *gráfico de barras.*

118 Glossário

Grau. *Grade*. Categoria ou classificação utilizada para diferenciar itens que possuem a mesma utilidade funcional (por exemplo, "martelo"), mas que não têm os mesmos requisitos de qualidade (por exemplo, podem ser necessários diferentes tipos de martelos para resistir a diferentes graus de força).

Identificação de riscos. *Risk identification*. Determinação dos riscos que podem afetar o *projeto* e a documentação de suas características. As ferramentas usadas incluem *brainstorming* e *listas de verificação*.

Índice de desempenho de custos (CPI). *Cost performance index (CPI)*. Relação de eficiência entre o *valor do trabalho realizado* e os *custos reais*. O CPI é freqüentemente utilizado para prever a magnitude de um possível aumento de custos usando a seguinte fórmula: BAC/CPI = projeção do custo final. CPI = EV dividido por AC.

Índice de desempenho do cronograma (SPI). *Schedule performance index (SPI)*. A relação de eficiência do cronograma comparando o *valor do trabalho realizado* ao *valor planejado*. O SPI descreve a parte do cronograma planejado que foi realizada. O SPI é calculado dividindo-se o EV pelo PV.

Iniciação. *Initiation*. Autorização do *projeto* ou fase.

Interessados. *Stakeholders*. Pessoas e organizações que estejam ativamente envolvidas no *projeto* ou cujos interesses possam ser afetados de forma positiva ou negativa como resultado da execução ou conclusão do projeto. Podem também exercer influência sobre o *projeto* e seus resultados.

Interrupção da lógica. *Hanger*. Interrupção involuntária de um *caminho da rede,* normalmente causada pela falta de atividades ou pela falta de *relações lógicas*.

Item de trabalho. *Work item*. Esse termo não é mais usado. Sinônimo de atividade – veja *atividade*.

Lições aprendidas. *Lessons learned*. A aprendizagem obtida na realização do *projeto*. As lições aprendidas podem ser identificadas em qualquer ponto e são também consideradas um registro do projeto.

Ligação. *Link*. Veja *Ligação lógica*.

Lista de verificação. *Checklist*. Lista dos riscos possíveis de ocorrer em um *projeto*. É usada como uma ferramenta no processo *de identificação de riscos*. As listas de verificação são abrangentes e incluem os diversos tipos de riscos encontrados em projetos anteriores.

Lógica. *Logic*. Veja *lógica de rede*.

Lógica de rede. *Network logic*. O grupo de dependências de *atividades* que compõem o *diagrama de rede do projeto*.

Loop. *Loop*. *Caminho da rede* que passa duas vezes pelo mesmo nó. Os *loops* (ciclos) não podem ser analisados com técnicas tradicionais de *análise de rede,* como o *método do caminho crítico* (CPM) e a *técnica de avaliação e análise de programas* (PERT). Os *loops* são permitidos na *técnica de avaliação e análise gráfica* (GERT).

Marco. *Milestone*. Um evento significativo no *projeto,* normalmente a conclusão de um *resultado principal.*

Matriz de designação de responsabilidades (RAM). *Responsibility assignment matrix (RAM)*. Matriz que relaciona a estrutura organizacional do projeto com a *estrutura analítica do trabalho* para ajudar a garantir que cada elemento do escopo do projeto seja atribuído a uma pessoa responsável.

Matriz de probabilidade e impacto. *Probability and impact matrix*. Forma comum de determinar se um risco é considerado baixo, moderado ou alto por meio da combinação dos dois aspectos de um risco: sua probabilidade de ocorrência e seu impacto nos objetivos, caso ocorra.

Matriz de responsabilidades. *Accountability matrix*. Veja *matriz de designação de responsabilidades.*

Matriz de responsabilidades. *Responsibility matrix*. Veja *matriz de designação de responsabilidades.*

Medição do desempenho técnico. *Technical performance measurement*. A medição do desempenho técnico compara as realizações técnicas durante a execução do projeto com as programadas no plano do projeto.

Membros da equipe. *Team members*. Veja *membros da equipe do projeto.*

Membros da equipe do projeto. *Project team members*. As pessoas que respondem direta ou indiretamente ao *gerente de projetos.*

Método do caminho crítico (CPM). *Critical path method (CPM)*. Técnica de *análise de rede* utilizada para prever a *duração* do projeto mediante análise da seqüência das *atividades* (qual caminho) que apresenta a menor flexibilidade em termos de cronograma (a menor *folga).* As datas mais cedo são calculadas através do *caminho de ida* usando-se uma *data de início* específica. As datas mais tarde são calculadas através do *caminho de volta* a partir de uma data de conclusão especificada (normalmente a *data mais cedo de conclusão* do projeto é calculada no caminho de ida).

Método do diagrama de flechas (ADM). *Arrow diagramming method (ADM)*. Técnica de diagramação de redes em que as atividades são representadas por flechas. A extremidade final da *flecha* representa o início e a cabeça representa o término da *atividade* (o comprimento da flecha *não* representa a *duração* prevista da atividade). As atividades são conectadas em pontos chamados de nós (normalmente representados por pequenos círculos) para ilustrar a seqüência prevista para a realização das atividades. Veja também *método do diagrama de precedência.*

Método do diagrama de precedência (PDM). *Precedence diagramming method (PDM)*. Técnica de diagramação de rede em que as *atividades* são representadas por caixas (ou nós). As atividades são conectadas por *relações de precedência* para demonstrar a seqüência em que se realizarão as atividades.

Mitigação. *Mitigation*. Veja *mitigação de riscos.*

Mitigação de riscos. *Risk mitigation*. A mitigação de riscos visa à redução da probabilidade e/ou impacto de um risco a um nível inferior ao limite aceitável.

120 Glossário

Monitoração. *Monitoring.* Coleta, análise e divulgação de informações sobre o desempenho do projeto, normalmente comparado ao plano.

Monitoração e controle de riscos. *Risk monitoring and control.* Monitoração dos riscos residuais, identificação de novos riscos, execução de planos de redução de riscos e avaliação de sua eficiência durante todo o *ciclo de vida do projeto*.

Nível de empenho (LOE). *Level of effort (LOE).* *Atividade* auxiliar (por exemplo, contato com fornecedor ou cliente) que não leva facilmente à medição de realizações distintas. É geralmente caracterizada por um ritmo uniforme de atividades durante um período específico de tempo.

Nivelamento. *Leveling.* Veja *nivelamento de recursos*.

Nivelamento de recursos. *Resource leveling.* Qualquer forma de *análise de rede* na qual as decisões de cronograma (datas *de início e de conclusão*) se baseiam em aspectos relativos ao gerenciamento de recursos (por exemplo, disponibilidade limitada de recursos ou alterações de difícil administração nos níveis de recursos).

Nó. *Node.* Um dos pontos que define uma rede; um ponto de junção unido a uma ou a todas as outras linhas de dependência. Veja também *método do diagrama de flechas* e *método do diagrama de precedência*.

Orçamento de custos. *Cost budgeting.* Distribuição dos custos gerais calculados para as *atividades* distintas de trabalho.

Orçamento na conclusão (BAC). *Budget At Completion (BAC).* Soma dos orçamentos totais para um *projeto*.

Planejamento de recursos. *Resource planning.* Definição dos recursos (pessoas, equipamentos e materiais) e das quantidades necessárias desses recursos para a execução das *atividades* do projeto.

Plano de respostas a riscos. *Risk response plan.* Documento que detalha todos os riscos identificados, inclusive a descrição, a causa, a probabilidade de ocorrência, o(s) impacto(s) nos objetivos, as respostas sugeridas, os responsáveis pelo risco e o *andamento* atual. Também conhecido como *registro de riscos*.

Plano do projeto. *Project plan.* Documento formal aprovado utilizado para guiar tanto a execução quanto o controle do projeto. As finalidades principais de um plano do projeto são documentar as premissas e decisões de planejamento, facilitar a comunicação entre os interessados e documentar as bases *de referência* aprovadas do escopo, custos e cronograma. Um plano do projeto pode ser resumido ou detalhado.

Plano sumário. *Charter.* Veja *plano sumário do projeto*.

Plano sumário do projeto. *Project charter.* Documento expedido pela alta administração que autoriza formalmente a existência de um *projeto* e dá ao *gerente de projetos* a autoridade para aplicar recursos organizacionais às atividades do projeto.

Porcentagem concluída (PC). *Percent complete (PC).* *Estimativa* percentual da quantidade de trabalho concluída de uma atividade ou de um grupo de atividades.

Prazo remanescente (RDU). *Remaining duration (RDU)*. O tempo necessário para se concluir uma *atividade*.

Premissas. *Assumptions*. Fatores que, para fins de planejamento, são considerados verdadeiros, reais ou certos. As premissas afetam todos os aspectos do planejamento do *projeto* e fazem parte da sua elaboração progressiva. Freqüentemente, as equipes de projeto identificam, documentam e validam as premissas durante o processo de planejamento. Geralmente, as premissas envolvem um grau de risco.

Prevenção de riscos. *Risk avoidance*. Alteração do *plano do projeto* a fim de eliminar o risco ou proteger os objetivos contra seu impacto. É uma ferramenta do processo de *planejamento de respostas a riscos*.

Profissional de gerenciamento de projetos (PMP). *Project management professional (PMP)*. Uma pessoa que tenha recebido a certificação de PMP do Project Management Institute (PMI) (Instituto de Gerenciamento de Projetos).

Programa. *Program*. Grupo de *projetos* relacionados e gerenciados de forma coordenada. Normalmente, os programas incluem um elemento de atividade contínua.

Projeto. *Project*. Uma iniciativa temporária empreendida para criar um produto, serviço ou resultado único.

Provisão para contingência. *Contingency allowance*. Veja *reserva*.

Quadro de responsabilidades. *Responsibility chart*. Veja *matriz de designação de responsabilidades*.

Rede. *Network*. Veja *diagrama de rede do projeto*.

Redução da duração. *Duration compression*. Redução do *cronograma do projeto* sem reduzir o seu escopo. Essa redução nem sempre é possível e freqüentemente requer aumento nos custos do projeto.

Redução do cronograma. *Schedule compression*. Veja *redução da duração*.

Registro de riscos. *Risk register*. Veja plano de respostas a riscos.

Relação de precedência. *Precedence relationship*. Expressão utilizada no *método do diagrama de precedência* para uma *relação lógica*. No entanto, no uso atual, os termos relação de precedência, *relação lógica* e *dependência* são utilizados amplamente de forma intercambiável, independentemente do método de diagrama empregado.

Relação lógica. *Logical relationship*. Dependência entre duas atividades de um projeto ou entre uma *atividade* e um *marco* do projeto. Veja também *relação de precedência*. Os quatro tipos possíveis de relações lógicas são:
- Terminar para começar – a iniciação do trabalho da atividade sucessora depende da conclusão do trabalho da atividade predecessora.
- Terminar para terminar – a conclusão do trabalho da atividade sucessora não pode terminar antes da conclusão do trabalho da atividade predecessora.
- Começar para começar – a iniciação do trabalho da atividade sucessora depende da iniciação do trabalho da atividade predecessora.

122 Glossário

- Começar para terminar – a conclusão do trabalho da atividade sucessora depende da iniciação do trabalho da atividade predecessora.

Relatório de desempenho. *Performance reporting*. Coleta e divulgação das informações sobre o desempenho. Isso inclui relatório do andamento, medição do progresso e previsão.

Relatório de exceções. *Exception report*. Documento que inclui apenas as principais variações do plano (não todas as variações).

Relatório integrado de custo/cronograma. *Integrated cost/schedule reporting*. Veja *valor do trabalho realizado*.

Reserva. *Reserve*. Provisão de fundos em um *plano de projeto* para mitigar os riscos de custos ou cronograma ou ambos. Muitas vezes usado com um modificador (por exemplo, reserva de gerenciamento, *reserva de contingência)* para fornecer mais detalhes sobre que tipos de risco devem ser mitigados. O significado específico do termo modificado varia de acordo com a *área de aplicação*.

Reserva de contingência. *Contingency reserve*. Fundos ou tempo necessários, além do *estimado,* para reduzir a um nível aceitável pela empresa o risco de exceder os objetivos de cronograma e custos do *projeto*.

Restrição. *Constraint*. Restrição que afetará o desempenho do *projeto*. Qualquer fator que afete o momento de programação de uma *atividade*.

Resultado principal. *Deliverable*. Qualquer produto, resultado ou item mensurável, tangível e verificável, que deve ser produzido para completar um *projeto* ou parte de um projeto. Freqüentemente utilizado mais especificamente com referência a um *resultado externo,* que é um resultado que está sujeito à aprovação do patrocinador ou do cliente do projeto.

Retenção. *Retainage*. Uma parte do pagamento do *contrato* que é mantida até sua conclusão para garantir o pleno cumprimento dos termos contratuais.

Retrabalho. *Rework*. Ação tomada para fazer com que um item imperfeito ou fora das especificações seja refeito para que fique em conformidade com os requisitos ou especificações.

Risco. *Risk*. Um evento ou condição incerta que, caso ocorra, provoca um efeito positivo ou negativo nos objetivos de um projeto.

Risco residual. *Residual risk*. Um risco que continua após as respostas ao risco terem sido implementadas.

Risco secundário. *Secondary risk*. *Risco* que surge como resultado direto da implementação de uma resposta a riscos.

Seleção das fontes. *Source selection*. Escolha entre possíveis *fornecedores*.

Seqüenciamento das atividades. *Activity sequencing*. Identificação e documentação das relações lógicas de interação.

Simulação. *Simulation*. A simulação utiliza um modelo de projeto que analisa as incertezas especificadas de maneira detalhada em relação a seu possível impacto nos objetivos expressos no nível do *projeto* como um todo. As simulações de projeto usam modelos gerados por computador e cálculos de risco em um nível detalhado e são normalmente realizadas utilizando o *método Monte Carlo*.

Sistema de informações de gerenciamento de projetos (PMIS). *Project management information system (PMIS)*. Consiste em ferramentas e técnicas usadas para coletar, integrar e divulgar os resultados dos processos do gerenciamento de projetos. É usado para dar suporte a todos os aspectos do projeto, desde a iniciação até a conclusão, e pode incluir tanto sistemas manuais como sistemas automatizados.

Sobreposição. *Overlap*. Veja *antecipação*.

Software de gerenciamento de projetos. *Project management software*. Tipo de aplicativos de computador especificamente projetados para ajudar no planejamento e controle de custos e no cronograma de projetos.

Solicitação. *Solicitation*. Obtenção de cotações, licitações, ofertas ou propostas conforme apropriado.

Solicitação de cotação (RFQ). *Request for quotation (RFQ)*. Em geral, essa expressão é equivalente à expressão *solicitação de proposta*. No entanto, em algumas *áreas de apli*cação, pode ter um significado mais restrito ou mais específico.

Solicitação de proposta (RFP). *Request for proposal (RFP)*. Tipo de documento de licitação usado para solicitar propostas de prováveis *fornecedores* de serviços ou produtos. Em algumas *áreas de aplicação*, pode ter um significado mais restrito ou mais específico.

Subprojeto. *Subproject*. Uma parte menor do *projeto* total.

Sub-rede. *Subnet*. Subdivisão de um *diagrama de rede do projeto*, normalmente representando alguma forma de *subprojeto*.

Sub-rede. *Subnetwork*. Veja *sub-rede*.

Tarefa. *Task*. Um termo genérico para o trabalho não incluído na *estrutura analítica do trabalho*, mas que potencialmente pode vir a ser desdobrado ainda mais pelos responsáveis pelo trabalho. É também o menor nível de empenho em um projeto.

Técnica de avaliação e análise de programas (PERT). *Program evaluation and review technique (PERT)*. Técnica de *análise de rede* orientada para eventos, utilizada para calcular a *duração* de um programa quando existe incerteza nas *estimativas de duração da atividade* individual. A técnica PERT aplica o *método do caminho crítico* usando durações calculadas por uma média ponderada das estimativas de duração otimista, pessimista e mais provável. A técnica PERT calcula o desvio-padrão da data de conclusão com base na duração das atividades do caminho. Também é conhecido como método da análise de momentos.

Técnica de avaliação e análise gráfica (GERT). *Graphical evaluation and review technique (GERT)*. Técnica de *análise de rede* que permite o tratamento condicional e probabilístico das *relações lógicas* (ou seja, algumas *atividades* podem não ser realizadas).

Terminar para começar (FS). *Finish-to-Start (FS)*. Veja *relação lógica*.

Terminar para terminar (FF). *Finish-to-Finish (FF)*. Veja *relação lógica*.

Transferência. *Transference.* Veja transferência de risco.

Transferência de riscos. *Risk transference.* A transferência de riscos procura transferir o impacto de um risco para terceiros, juntamente com a responsabilidade da resposta.

Unidade de calendário. *Calendar unit.* A menor unidade de tempo utilizada no cronograma de um *projeto*. Geralmente, as unidades de calendário são expressas em horas, dias ou semanas, mas podem ser expressas também em turnos ou até mesmo em minutos. É utilizada principalmente em relação com o *software de gerenciamento de projetos*.

Valor do trabalho realizado (EV). *Earned value (EV).* O trabalho físico realizado mais o orçamento autorizado para esse trabalho. A soma das estimativas de custos aprovadas (pode incluir alocação de despesas gerais) para atividades (ou partes de atividades) concluídas durante um determinado período (normalmente, projeto até a presente data). Anteriormente denominado custo orçado do trabalho realizado (BCWP) para uma *atividade* ou grupo de atividades.

Valor planejado (PV). *Planned value (PV).* O trabalho físico programado mais o orçamento autorizado para realizá-lo. Anteriormente chamado de custo orçado do trabalho programado (BCWS).

Verificação do escopo. *Scope verification.* Formalização da aceitação do escopo do projeto.

Bibliografia

Como se tornar um profissional em Gerenciamento de Projeto: livro-base de preparação para certificação PMP. Supervisão: Paul Dinsmore. Quality-Mark, 2003.

KEZNER, Harold. Project Management. Project Management: a systems approach to planning, scheduling, and controlling. Wiley, 2005.

PMI, Project Management Institute (Editor). Um Guia do Conjunto de Conhecimentos do Gerenciamento de Projetos. Tradução oficial para o português do PMBoK (Project Management Body of Knowledge) Guide – PMI. 3. ed.

XAVIER, Carlos Magno da Silva. Gerência de Projetos. Como definir e controlar o escopo do projeto. Editora Saraiva, 2005.

Impressão e Acabamento: